人生は苦である、でも死んではいけない

人生雖苦，但還是值得活下去

岸見一郎——著

涂紋凰　譯

目次

前言

「生而為人，我很抱歉。」

這是太宰治《二十世紀旗手》的副標題。

不過，人不會一開始就這麼想。

父母在孩子剛誕生的時候，只會單純對孩子活著這件事感到歡喜。然而，不知道從什麼時候開始，父母就對孩子產生期待，希望孩子能成為一個特別的人。一言以蔽之，就是希望孩子上好大學、進好公司，獲得成功的人生。為了達成這些目的，當下就會期待孩子在學校考到好成績。

在大多數的情形下，這些觀念符合社會的普遍想法。然而，不是每個人都可以毫不懷疑地接受這些想法，並且滿足父母以及其他人的期盼。有些人甚至會因此覺得自己誕生在這個世界上是一件很罪惡的事。這種想法讓太宰治寫出開頭的那句名言。

然而，人本來就不是為了滿足誰的期待而生，所以根本不需要為了滿足別人的期待，「變成」一個根本不是自己的人。我就是我，世界上只有一個原本的自我。

如同剛誕生的孩子光是活著就讓父母覺得開心，即便什麼也不會，光是活著這件事就具有價值，根本不需要勉強自己配合他人的期待或者社會的普遍想法。

而且，活在「當下」很重要。「當下」並不是為了達成什麼而做準備的時間；也就是說，「當下」絕對不是一段為了某個目的彩排的時間，而是一直保持正式上場的狀態。

還有，即便不去任何地方，也能活在「當下」。不需要去其他地方也沒關係，只要一直往前走就好，即便那只是小小的一步。這麼一想，活著就不那麼痛苦了。

因此，我想認真地活在「當下」、「此時此地」。

現代社會中，的確充滿痛苦。比起什麼活著有苦就有樂，我認為活著本身就是一種苦。

有人會認為，既然活著本身就很痛苦，那乾脆不要被生下來。

伊底帕斯王得知自己不祥的過去，用胸針刺瞎自己雙眼，後來被親生兒子流放到故國，落得年老後在他國漂泊的下場。Chorus（合唱隊）這樣唱誦他的故事：

「若不曾來過這個世界，

那便是最好；

若是已經來到這個世界，

那第二好的安排就是盡快赴黃泉。」

（索福克勒斯《伊底帕斯在柯隆納斯》）

最好是沒誕生在這個世界上，如果已經誕生，最好趕快赴死。

不過，生而為人真的像太宰說得那樣「很抱歉」嗎？或者說，真的像這部希臘悲劇的合唱隊所唱誦的，最好不要誕生嗎？

我想告訴大家：

「好死不如賴活著。」

即便人早晚都要面對死亡也一樣。

第一章

人生很苦

人生は苦である、でも死んではいけない

活著本來就很苦

三木清把人生比喻成在沙灘撿貝殼。（《從未提及的哲學》）每個人都各自拿著一個小竹籃，在廣大的沙灘上努力撿貝殼，然後丟進竹籃裡。大家撿貝殼的方式各有不同，有人不自覺地就會伸手去撿，但也有人會刻意去撿。有些人習慣有氣無力地撿，有些人開朗活潑地撿；有些人邊唱歌邊撿，也有人邊哭邊撿；有人像在玩遊戲一樣，也有人很認真。

沙灘的另一頭，有一片發出巨大聲響的陰暗海洋。有些人已經發現，但也有些人還不知道。竹籃裡的貝殼越來越滿，在某個機會下，人們突然開始檢查竹籃裡的貝殼。

結果發現以前覺得很美的貝殼，其實一點也不漂亮，然後為此感到震驚。就在這個時候，大海以破壞性的大浪將人瞬間捲進深沉的黑暗之中。廣闊的沙灘是社會，小竹籃是壽命，大海是人的命運，而強烈的大浪就是死亡。

三木在這裡提到的「貝殼」，比喻大多數人堅信不移的「美麗事物」，也就是人們覺得有價值、想要努力獲得的東西，譬如金錢或名譽、社會地位等。然而，人總會在某個時刻發現，那些東西一點也不美。

人永遠不知道自己什麼時候會死，就連以為自己和年老無緣的年輕人也不例外。人隨時都可能碰到像地震那樣的災害或事故，就算沒有遇到這些事，也有可能會生病。

健康的人平時不會意識到死亡，就算死亡已經在身邊也不會發現。然而，人只要一生病，就不得不注意到死亡。

我之所以覺得活著很苦，是因為我母親的死。她四十九歲時就因為腦中風過世，當時我沒辦法馬上接受這個事實，因為那個時候我對腦中風這種疾病一無所知，堅信母親還很年輕，病情一定會很快好轉。實際上，治療後恢復得也很不錯，我想既然已經恢復到這個地步，就算身體還有部分癱瘓，出院之後應該能回歸正常生活。母親也笑著對還沒結婚的我說：「我還能用左手來抱孫子呢。」

然而，我樂觀的想像沒有實現。雖然病情暫時好轉，但後來二度發作，在那之後病況便急轉直下，最後引發肺炎失去意識。治療沒有成效，母親在發病後三個月就離開人世。

在那之前，我一直覺得人生一定有苦也有樂。母親過世前，我考試沒通過，但是當時認為是自己不夠努力才會受挫，完全不覺得有什麼不合理的地方。

母親病倒的那年，我去攻讀研究所。我堅持要學習希臘哲學，因此遲遲沒有繼續升學，所以考上的時候我非常開心，覺得人活著就會有這種好事發生。

然而，就在那一年母親住院，我也沒辦法去讀書了。我再度停滯不前。人生絕對不會發生自己期待的事情，原本以為母親還這麼年輕不可能會死，但事與願違，母親還是走了。

我親眼看到母親過世的時候，覺得人生怎麼會有這麼荒謬的事情，不敢相信自己身上發生的事。

接母親的遺體回家時，我才知道自己原本以為鋪好的人生軌道已經消失無蹤了。我覺得列車發出巨大聲響，脫離了人生的軌道。

無法避免的老去

有一部佛教經典名為《經集》（Sutta Nipata），經書裡提到：

「啊，人的生命是如此短暫，不到百歲便會死去。即便能活到超過百歲，也會因為衰老而死。」

另一部佛教經典《法句經》則是這樣描述衰老：

「年老使人色衰。年老是病巢，使人脆弱消亡；年老是腐敗，使人崩壞。年老使生命走向死亡。」

沒有人能阻止肉體的衰敗。

年老不只會讓身體機能下降，年紀越大也越容易遺忘，如此一來，生活馬上就會出現障礙。我父親在晚年罹患失智症，在他被診斷出失智症之前，老早就有忘東忘西的症狀，情況很嚴重。

「如果發現自己忘記了還算好，搞不好我連自己忘記都不知道，這一點讓我很害怕。」

實際上，我父親最後的確連自己忘記也不知道。

有些人會認為就算能長壽，也要面對病魔，既然都會死，那還不如不要活那麼久。畢竟一旦生病，就必須讓家人照顧。不想給家人帶來困擾的人，會希望不要拖太久。

甚至有些人會因此拒絕維生治療，或者趁自己還有意識的時候走上絕路，但他們並不是出於信仰上的原因，或者想逃避持續不斷的痛苦才選擇這麼做。

無法避免的疾病

和衰老不同，年輕人也會生病。

無論什麼疾病，或多或少都會讓人感受到死亡的預感，所以才顯得恐怖。生病之後無法做到以前能做的事情，有些人會覺得自己已經沒有存在的價值，甚至失去活著的意義。

我的專業領域是哲學，所以很早就作好心理準備，這輩子注定和金錢無緣。即便如此，我還是有野心，想在大學裡教書，成為一名教授。然而，當我身體癱瘓無法自由行動，後來又看到母親失去意識時，就開始思考原本想達成的人生目標是否真的有價值。

我曾因為心肌梗塞病倒，被迫需要靜養好幾天，這件事比母親病倒更加促使我思考自己的價值和人生的意義。

三木在前文提及的譬喻，巧妙地呈現我生病之後才產生的想法，以及發現生病前堅信有價值的東西其實毫無意義的狀況。發現竹籃裡那些過去認為很美妙的貝殼一點也不美，都是一些微不足道的東西，這讓我很震驚。三木說的「竹籃裡的貝殼越來越滿，在某個機會下，人突然開始檢查竹籃裡的貝殼」，就是在譬喻生病的時候吧。

生病成為一個契機，讓人開始覺得過去認為有價值的東西其實一文不值，那是因為「破壞性的大浪」也就是死亡逐漸逼近，人終於知道人生是有限的。了解人生最後必須面對死亡，就必須改變今後度過人生的方式，並不是每個人在了解這個事實之後就覺得人生很虛無。

生病之前覺得明天會理所當然地到來，但在生病之後就知道明天並非理所當然。我雖然僥倖脫險，但晚上睡覺時總覺得不安，害怕自己會這樣一睡不醒。

後來終於恢復到能在病床上起身，用電腦寫作。主治醫師看到我的狀況便告訴我：「你就寫書吧，畢竟書會留下來。」我馬上就意會到，醫生這句話表示：「我不會留在這個世界上。」了解寫書就是我「餘生」的工作之後，我覺得自己已經找到出院後的方向了。

就這樣，我在病床上開始寫以「心肌梗塞生還記」為題的對抗病魔紀錄。隔年，接受心臟繞道手術時，我也詳細記錄手術前後和手術的經過。雖然這些內容並未出版，但在網路上公開之後，獲得很多因為相同疾病而倒下的患者以及家屬等少數讀者支持。

畢竟沒有罹患相同疾病、接受相同的手術，就無法共享這樣的經驗。我發現網路上有很多抗癌鬥士的文章，但心肌梗塞就很少有人寫。所以當時才會覺得，既然如此只好自己來寫了。

年輕的時候，為了在大學任職而寫論文，這件事讓我覺得非常痛苦。生病之後雖然沒有體力能像健康時那樣寫作好幾個小時，但是一想到能為罹患相同疾病的人盡一份力，寫作就變得不痛苦了。儘管當時沒有很深刻的感覺，但以前為了到大學任職而寫的論文，就像自己「邊哭邊撿」的貝殼，變得一點也不美了。

回首那段過往，聽到醫生說「寫成一本書吧」的時候，我仍然把寫書當成工作，但是早上一睜開眼睛，只覺得那天有事情能做就已經很感恩了。

坦然接受這個世界

老、病、死，人生充滿痛苦。這個世界發生的每一件事都有意義，無論在人類的眼中看起來多不合理，那些悲慘的事情也都自有涵意。相信這個法則的人，無論發生什麼事情都能坦然接受，也能積極樂觀地度過往後的人生。然而，當災難實際降臨在自己或家人、好友身上時，應該還是很難接受吧？

阿德勒曾說，對背負重擔度過人生的人而言，這個世界就是一個「流淚谷」。「流淚谷」一詞出自舊約聖經的《詩篇》，是到耶路撒冷朝聖的人必須徒步走過乾涸的谷底。

然而，在《詩篇》中也提到，因為神而心生勇氣，內心可看見寬廣道路的人「即便是通過流淚谷，也能叫這谷變成泉源之地」。有勇氣的人，即便是身在流淚谷也能將之視為泉源之地。

流淚谷並沒有消失，乾涸的谷底也沒有湧出泉水，只是他們能夠把荒涼的流淚谷當作泉源之地而已。

也就是說，人生本來就只有苦。不是有苦就有樂，真的只有苦而已。儘管如此，人生仍是「泉源之地」。

人生很苦，但也不需因此對自己的無能為力感到絕望、憤怒或者放棄人生，更不需要追求靠超越人類的力量獲得救贖。只要接受現狀即可，接受現狀，然後去影響世界。

如果任何人都會因為某些事件或經驗，受到相同的影響，那麼人就只是單純受外界刺激才會產生反應的存在（反應者、reactor）。但人其實是行為者、actor。阿德勒在奧地利的繼承人希伽（Lydia Sicher）說：「即便行動出現問題，也不要對刺激有所反應（react），而是要思考自己在進化上的角色與社會上的地位，然後採取行動（act）」（Lydia Sicher, The Collected Works of Lydia Sicher）。

自然界發生的事情一定會遵從大自然的法則。同理，人也一定會老、會生病、會死。然而，人類擁有自由意志，無論自己有多飢餓，也能把食物讓給比自己更需要的人。正因為擁有自由意志，即便在痛苦中也能找到生存的價值。

當人坦然接受艱困的現況時，就表示已經做出選擇。

挫折只是一種失敗

即便如此，有時我們還是會遇到挫折。無論多麼努力，也會碰到無法脫離困境的時候。因為人生中總有一些完全使不上力的事情。

不過，你也可以這麼想：人的成長需要挫折，如果人一生順遂就無法學習。人生順遂的時候，出乎意料地學不到東西，因為你可能只是剛好沒失敗而已。然而，碰到挫折的時候，就不得不思考為什麼會變成這樣。什麼都不思考的人，往往會重蹈覆轍。因此，從挫折的經驗當中，反而可以學習到很多東西。

人之所以會覺得挫折很致命，是因為把成功當作目標。根據三木清的說法，所謂的成功是和「過程」相關的概念（《人生論筆記》）。為了成功，必須達成某些事情。

成功本身並不壞，但人不一定能成功。就算追求成功也可能會有挫折，此時就必須思考該怎麼辦。

又或者單以成功為目標生活，這樣也有問題。對單以成功為目標生活的人而言，那些人生中出現的困難都只是阻攔自己成功的障礙。對這些人來說，挫折的確是莫大的絆腳石，也是致命的障礙。

就這個層面的意義來看，連幸運都會威脅到自己的成功。畢竟自己無法決定幸運女神是否降臨，就算真的降臨，一想到這份幸運不知道能持續到什麼時候就無法安心。

三木認為，幸福和成功不同，是一種與「存在」相關的概念。人不需要為了幸福完成某件事，而是當下就「已經」幸福，而且人也無法「變得」幸福。

幸福無法透過任何方法獲得或失去。因此，即便受到挫折，幸福也完全不會被影響。

有一個人連續考了知名大學好幾次，但都沒有考上。他的目標是成功，所以只要考試成功，往後的人生應該就會一帆風順。對這樣的人來說，考試失敗就是一個巨大的挫折。

考試失敗的挫折，的確可能會讓他無法以成功者的姿態活下去，但這和他的幸福毫無關係。畢竟他不會因為考試失敗而變得不幸。

反過來說，考上想進的大學，也不會因此變得幸福。人不會因為達成某件事而幸福，也不會因為失敗和挫折而變得不幸，就算一事無成也能幸福。

參加考試，有可能成功，也有可能失敗。即便失敗，那也不是挫折，只是單純失敗而已。失敗還是能重來，如果想在大學學習，只要去考別的大學即可，而且人根本不需要執著於上大學這件事。不上大學，也能學習。

即便是經歷相同的事情，每個人接受的方式也不一樣。某些經歷之所以變成挫折，只是因為人們把那些經歷當成挫折罷了。

而且，根據三木的說法，成功是一種普遍性、可量化的東西，但幸福則具有原創與質量上的特性。

考上好學校、在好公司工作的成功，對任何人來說都淺顯易懂。因為偏差值和薪水都能量化檢測。

認為考上名校就能幸福的人，只是在追求這種量化的成功而已。對這樣的人來說，考試失敗的確是莫大的挫折。

另一方面，有些人即便經歷別人看起來像挫折的事情，也不會認為那是挫折，甚至有人刻意選擇不當成功者的人生。這樣的人會選擇自己的人生，他們選擇的不是普遍性的人生，而是具有「原創性」的人生。選擇度過原創人生這件事，一般人通常無法理解，具有原創、質化特性的幸福並不普遍，所以不會像成功者那樣引人追捧或者受人嫉妒。大公司的繼承人可能會引人嫉妒，但為了做自己想做的事而放棄繼承，把公司轉讓給其他兄弟姊妹的人，通常不被理解，也不會有人嫉妒。

我的朋友在父親、祖父都是醫師的家庭長大，家人期許他成為醫師，他卻不考醫學系。父母都很反對這件事，不過，他認為無論家人是否能理解，自己都不應該為了滿足父母或他人的期待而活，選擇自己的人生才有意義。

他沒有成為醫師也沒有繼承醫院，但對他來說那並不是挫折。只要是自己決定度過的人生，就不算是挫折。拒絕以成功者之姿生活，追求他覺得具有原創、質化特性的幸福。

實際上，他雖然曾經一度放棄從醫，但後來立志成為醫師時，又重新考上醫學系。如果當初按照父母的建議，毫無疑惑地去讀醫學系，或許就不必繞遠路。但是，曾遠離醫師這條路，後來深思過成為醫師的意義才決定從醫的他，並不是為了在人生獲得成功才成為醫師。

從小學的時候就兢兢業業為考試讀書，後來又進入升學學校的國中生，夢想著要考上醫學系。順利入學的國中生不會知道，成為服務患者的醫師有多麼辛苦。

我的朋友最後還是繼承了醫院，現在成為一名無論深夜或假日都願意到患者家裡出診的醫師。

必要之苦

飛機起飛之後，到著陸之前你甚至不會感覺到飛在空中。然而，當飛機被捲入亂流，機體激烈搖晃，人就會因為擔心是否墜機而感到不安。

如果不特別思考活著究竟是怎麼回事也無所謂的話，其實很令人感恩。不過，人生不太可能如此一帆風順，總是會有諸多困難阻礙去路。

然而，如前文所述，挫折反而比成功更能學到東西。

遇到挫折的確很痛苦，但是人不見得會被痛苦打倒，不僅限於挫折，人生在世只要活著就會遇到各種困難，令人嘆息活著怎麼這麼苦。不過，痛苦和困難其實就像鳥兒飛翔時需要的空氣阻力。在真空狀態下，鳥兒無法飛翔，因為風中有空氣阻力，鳥兒才能乘風起飛。我曾見過風太強把鳥兒往後推的場景，看到即便如此仍沒有放棄飛翔的小鳥，我心想活著其實就是這個道理。

第二章

病

人生は苦である、でも死んではいけない

人生中最具代表性的苦，就是剛才已經稍微提到的老、病、死。疾病、衰老、死亡的確都無法避免。不過，即使無法避免，也會有能夠面對的方法。

本章要談的正是疾病，下一章則從衰老切入。

理所當然的喪失

很多人模模糊糊地在思考該如何度過往後的人生。甚至有些年輕人不僅思考這個問題，連遙遠的未來都加入生涯規劃之中。這些規劃都理所當然地認為今天一定會延續到明天。

然而，人一旦生病，生涯規劃就馬上大亂。如果是嚴重的疾病，可能會因此必須中斷學業，甚至辭掉工作。不只本人而已，生病還會影響到家人。

以我自己的例子來說，媽媽住院的時候，妹妹已經結婚離開娘家，所以主要是由我和父親照顧媽媽。從原本住院的醫院轉移到有腦神經外科的醫院之後，光從家裡到醫院單程就要花兩個小時的時間。

因為這樣，父親和我沒辦法同時一起待在家裡，我當時覺得明明不久之前一家四口還住在一起，現在卻已經各自分散了。

母親病倒時，父親白天還有工作，所以我只能放棄大學的學業。如前文所述，我以為母親還很年輕應該會很快恢復，但沒想到三個月就過世了。如果母親當時需要與疾病對抗數年的話，我可能就必須放棄讀大學這件事。

我自己病倒的時候，馬上就丟了工作。如果是正職教師應該不至於如此，但我是約聘講師，所以學校不可能等一個下週無法來上課的講師。

就這樣，我一生病就無法像以前一樣工作了。因為沒了工作，收入銳減之後，生活為之一變。

而且，生病不只是個人的問題，也會影響到其他人。譬如一旦決定負責需要照護的雙親，在雙親進入生活的瞬間，家人之間的關係就會產生改變。

所幸，我大概一個月就出院了，身體狀況恢復得不錯，也漸漸重新開始工作。我以為自己應該能像生病之前那樣工作，然而，就在這個時候，發現父親罹患失智症。我主要從事能在家裡做的工作，所以決定由我負責照顧父親，當時沒有正職的工作算是萬幸。

以我的狀況來說還能照顧父親，但現在這個時代有很多人都因為照護家人而被迫離職。我曾在新聞上看過別人的狀況是自己為了照顧父母而離職，結果自己父母卻說：「你都不用去工作嗎？」讓負責照護的兒女瞬間對父母產生殺意。

如此看來，就能了解生病也會造成家人之間的問題。這可以是說是疾病影響到人際關係，但更正確的說法應該是「家人生病的時候，會放大家人之間的問題」。

然而，家人生病這件事情，不見得只有負面影響。家人之間的向心力也可能因此變得更強，因為大家會互相幫助，努力讓家人的病好起來，為此變得團結一致。

重新審視價值

疾病帶來的變化不僅限於生活面，人可能會發現生病前覺得有價值的東西，其實一點價值也沒有。

三木清使用「精神的自動機制」一詞來討論這件事（《人生論筆記》）。人在一般生活中不太會思考，所謂的文化就是常識的集大成，在某個文化中成長的人，往往會在不知不覺中被該文化中不言自明、已經成為常識的想法困住。因此，即便以為自己有在思考，其實大多只是接收別人的想法現學現賣而已。

三木認為，只有懷疑能打破這種精神的自動機制，如果沒有特別發生什麼事，一般不會去思考對自己而言根本不需要懷疑、已經成為常識的想法究竟是否正確，也不會加以質疑。

然而，疾病會打破這種精神上的自動機制。疾病對人一定會產生影響，讓人不得不懷疑生病前覺得不言自明的事情。無論你願不願意，都得去思考人生和幸福。生病之後，即便看上去已經恢復以前的生活，但其實人再也無法回到生病之前的狀態了。

以第一章提到的三木清的譬喻來說，就是以前覺得很美的貝殼，現在看起來一點也不美了。如此一來，生病後就會找到和生病前完全不同的人生意義。

然而，「發現以前覺得很美的貝殼，變得一點也不美」並不是只有負面的意涵。

生病之後發現，對自己來說真正重要的東西不是金錢也不是名譽，這樣的人原本以為自己的幸福就是成功，但現在反而不覺得成功有什麼意義了。反之，你也可能發現一些生病前不覺得美的貝殼。

大病一場存活下來，回到原本世界的人，就像柏拉圖在《國家》一書中描繪的哲學家一樣。只要見識過「維持恆常不變的東西」（理型論），就會知道過去誤以為火光投射在牆上的影子就是實物，但其實那只是影子，往後就不會再誤把影子當成實物了。

以三木的譬喻來說，看過真正美麗貝殼的人，再也不會錯把醜貝殼當寶了。

即使無法恢復也無所謂

疾病的種類五花八門，有些病沒辦法馬上治好。無法痊癒只能在緩解症狀的狀態下出院，這種類型的疾病即使在出院後也必須繼續與之相處。而且也有復發的可能，除此之外還有一些是不治之症。

生病的人身上會發生什麼事呢？因為生病，看法會變得和之前多麼不同？我們來看看罹患難治之症的狀況。

石田衣良寫了本小說，書名是《美丘》。小說主角是罹患克雅二氏病的大學生美丘，後來還改編成日劇。

克雅二氏病是蛋白質之一的普里昂異常型堆積在腦部，引起腦部功能障礙的一種疾病。罹患這種疾病之後會出現發抖、痙攣、麻痺等神經方面的運動障礙與失智症狀，病程非常快速。這種疾病無法控制，也沒有治療方法或藥物。

主治醫師向美丘說明病況，說明時也讓美丘看了腦部的斷層掃描。

「關於這個病，我已經了解了。那我還有多久時間能活得保有自我？」

針對這個問題，醫師告訴美丘，發病後的存活時間大約是三個月至兩年，後期會出現動作障礙或步行困難等運動失調以及記憶、語言障礙等症狀。然而，美丘想知道的並不是這個答案。之後，美丘表示醫師的說明「只是複習而已，都在講那些已經知道的事」。

醫師的確是針對克雅二氏病說明。不過，醫師即便再怎麼詳細告訴病患這個疾病的一般知識，對病患也沒什麼意義。知道存活的時間有長有短，對患者來說沒有意義，就算醫師說十個人裡面有八個人能治好，自己也很有可能就是治不好的那兩個人。

美丘想知道的不是之後還能活多久，而是還能維持多久「保有自我」的時間。

要回答美丘這個問題，醫師自己就必須了解「保有自我」、「在保有自我的狀態下存活」是什麼意思。醫師沒辦法回答這個問題，是因為無法理解這個問題的意義。

既然如此，美丘自己是否了解「在保有自我的狀態下存活」、「保有自我」是什麼意思也令人存疑。

因為美丘曾說：「昨天還能輕鬆做到的事情，今天卻做不到了。這種日子根本就是地獄。」從她說的這句話就知道，她認為無法保有自我就是無法做到很多事。

美丘還說過：

「如果我逐漸失去過去的種種回憶、經常會說的話或者是生活習慣，那我真的還是原本的我嗎？」

這裡的問題是美丘問「我還有多久時間能活得保有自我？」的時候，是以自己早晚會面臨無法保有自我的日子為前提。

我認為曾和她交往的男友太一說的話就是答案。

「就算失去能力、記憶、智慧，人格也不會消失。而且還會以更加閃耀的姿態留下來。」

即便無法再做菜、忘記很多詞彙，美丘仍然是一個很棒的人。他在美丘死後才產生這樣的想法，如果美丘也能如此理解「保有自我」的話，就不會害怕自己變得不像自己，害怕因此不再被愛，也不會覺得總有一天會活得失去自我。

即使症狀越來越明顯，很多事都做不到又無法保持記憶，也不代表會失去自我。

儘管如此，一想到今天能做到的事，明天可能就做不到了，還是會覺得很可怕。復健會讓人變得比現在更好，這種希望感本身就是一種鼓勵，如果不會變得更好，那就會有人根本不想復健了吧。

然而，就算有越來越多時間沒辦法做到以前能做的事，也不代表會失去自我。但是要這麼想，必須先改變對人類價值的看法。

成為人並不需要任何條件。反之，我們也不會因為無法滿足某些條件就變得不是人了。譬如說，就算身體不能動、無法溝通，也還是人。不會因為滿足某些條件成為人，也不會因為缺少某些條件就不是人。

這裡有三個問題。

其一是醫師只能用一般的方式說明疾病。然而，面對獨一無二的「這個人」沒辦法套用一般的說明。醫師對眼前的患者宣布目前已經是腦死狀態時，醫師眼中看到的不是「患者」而是「一般人類」。

如果眼前的患者是自己的至親，那醫師還能斷言這個患者已經不是人了嗎？即便體溫、呼吸、血壓等顯示生存狀態的生命徵象都說明患者已死，家人也很難接受「腦死狀態只是靠人工呼吸器活著，基本上和死了沒兩樣」這種說明吧？對醫師來說只是一般人類，但對患者家屬來說，躺在床上的是長久以來一起生活的「人」。

其二，條件只是人的「屬性」，並不代表人的價值或本質。即便有人評價自己的屬性，但那和自己的本質毫無關聯。

年輕人在和某個人交往而且進一步論及婚嫁時，這些屬性具有重要的功能。年薪有多少、學歷、甚至身高都是問題。無法滿足這些條件的人，就會被排除在結婚對象的名單之外。年輕人可能無法想像，自己最後會因為年齡增長或病倒而無法工作的情形。若是碰到這種情形，收入可能就從此中斷，當初以高收入為條件步入婚姻的人，這個時候會因此離婚嗎？當初以年輕貌美為結婚條件的人，在對方年齡增長、無法保持青春容顏的時候，會覺得這個人已經不是年輕時的那個人了嗎？無論是什麼樣的條件，總有一天會無法滿足。

而且，這裡的問題是這些條件都是來自實用性的觀點。如我稍後會提出的問題，現在這個時代認為能做某事、創造某些東西才有價值，所以當人身體無法動彈、無法溝通交流就不再是人了。

人無法對「不存在」的未來抱持希望

隨病程前進，美丘漸漸無法寫太難的漢字。某天，她去大學聽課。教授在課堂上比較佛洛伊德和阿德勒。

「佛洛伊德重視心理創傷，但阿德勒心理學認為心理創傷的影響有限。決定人格的關鍵在於人的希望與未來的目標。也就是說，未來才能決定人格，而非過去。」

然而，和美丘一起聽課的太一認為：「聽起來好像充滿希望，但其實這番話很殘酷。如果真的是這樣，那對沒有未來的妳來說，還剩下什麼？難道沒有未來和希望，就不能活得像自己嗎？」

如果希望存在於未來，那麼疾病無法痊癒，注定沒有未來的美丘就無法懷抱希望、活得像自己，只能充滿絕望了嗎？

在阿德勒心理學中，目的論的確很重要，但阿德勒自己並沒有把未來的希望和目的連結在一起。即便行動和症狀有其目的，也不必非得把目的放在未來。判斷要不要做某件事，只要思考對「現在」的自己是否有用再做選擇即可。

美丘拿著鉛筆，在空白的筆記中央大大地寫著：

「未來　希望　人格」

在小說中的其他段落裡，「人格」被描述成「保有自我」。

希望就在「當下」

不需要醫師說明，美丘也知道接下來自己會發生什麼事。既然如此，為什麼還會寫下「未來」、「希望」、「人格」這幾個詞彙呢？

希望真的只有朝未來前進的時候才能擁有嗎？反過來說，人不能在「當下」擁有希望嗎？像美丘這樣無法對未來抱持希望的人，該怎麼思考才好呢？

答案是不要把未來和希望連結在一起。

與其說不要，應該是說未來無法和希望連結。因為未來並不存在。

未來不是「還沒來」，而是「不存在」。無論再怎麼想像明天會發生什麼事，那都只是「現在」想像的未來，並不是真正的未來。實際上，等到明天真的來臨，也絕對不會像前一天想像的那樣。

尹東柱有一首詩叫做〈沒有明天〉。這首詩是他在某年十二月二十四日寫的。應該是在寫詩人孩提時的經歷吧。一心想著要盡早從聖誕老公公手上拿到禮物的孩子遲遲不肯睡覺。父母告訴孩子「明天就有禮物了」。

「明天是什麼時候？」

父母回答：

「你睡了一覺，等天亮的時候就是明天。」

然而，

「我祈求新的一天，

醒來環視周遭後，
發現明天已經不是明天，
而是今天了。」

當孩子醒來的時候，明天不再是「明天」，而是「今天」。

既然沒有未來，那就無法對「不存在」的未來抱持希望。

活在當下

我們在這裡稍微用哲學的角度來思考「活著」這件事。

首先，大家必須了解人的生命是「由生開始，到死結束」的線性觀點，並非人生唯一的解釋。

亞里斯多德用 Kinesis（運動）和 Energeia（現實活動態、活動）兩種運動概念的對比論述人生。（《形而上學》）

所謂的 Kinesis 指的是有起點和終點的運動。這種運動最好能又快又有效率。因為尚未抵達目的地，所以在那之前的運動都被視為未完成、不完全的東西。

如果詢問：「你現在在人生的什麼階段？」很多人都會把人生想成一條直線，也就是以Kinesis的觀點看待人生，因此，年輕人會在直線的左邊，老人會在右邊。就常識來說，人生就是從誕生開始，到死亡結束，所以才會有這樣的答案。

認為自己能活到平均壽命的人，大概會以平均壽命為基準，回答現在已經過了半生，如果是年輕人，可能會回答自己還沒到人生的折返點。這是以大家都長壽為前提的答案，但實際上究竟如何沒有人知道。因為說不定你早就過了自己想像的時間點了。

對於這種看待人生的方式毫不懷疑的人，也會把「百歲時代」這種說法當真。完全不會意識到就算平均壽命延長，自己也不見得會長壽。

生病的時候才會明白，不一定要從線性角度看待人生。當然，這是因為了解到原本以為一定會到來的明天可能不會降臨。而且，也會發現未來不是還沒來，而是「不存在」。另外，因為劇烈的疼痛與痛苦，也會有人不想再從今天延續到明天。

另外，Kinesis（運動）還講求效率。不只要抵達目的地，還要盡快抵達。

另一方面，相對於Kinesis（運動），Energeia（活動）則是在「行動的時候」就已經「完成了」。這些運動、行動、行為都很完整，和「從何處到何處」等條件也沒有關係，與Kinesis（運動）不同，目的就包含在行為之中。也就是說，行為本身即是目的的Energeia（活動）和效率毫無關聯。

和辻哲郎在《風土》一書中，介紹教初學者素描的大師級畫家津田青楓說的一段話。這位大師級畫家指著石膏頭像說：

「各位如果以為是要畫那個東西的話就大錯特錯了。我要你們去觀察、去凝視，凝視之後就會看到很多東西。你會驚呼竟然有如此微妙的光影，出乎意料地看到許多新的東西，當你看得入神，手自然而然就會動起來。」

和辻認為這位大師級畫家所說的話，蘊含超越畫家自己理解的重要意義。和辻這樣說：

「所謂的『觀察』並不是去看已經固定的東西，而是為了找到擁有無限新意的內涵。因此，觀察本身會直接連結到創造。但是，在那之前必須要以純粹的立場觀察。如果只是把觀察當成手段，那就無法超越目的所限定的範圍。」

不是為了畫畫而觀察，而是純粹觀察，如此一來，手就會「自己動起來」。

和辻用「觀察的自我目的性」一詞來說明。觀察並不是為了要做什麼，這個行為本身就是目的。以畫畫的例子來說，觀察之後手就會動起來，但是「如果只是把觀察當成手段，那就無法超越目的所限定的範圍」。

和辻在這裡談到亞里斯多德的 Energeia（活動）概念。活著和觀察一樣都屬於 Energeia（活動），活著本身就是目的，並不是為了什麼才活著。

為了某個目的活著的人，往往會浪費「當下」，去期待不一定會降臨的未來。因為用 Kinesis（運動）的觀點思考活著這件事的時候，必須深信人生會持續下去，才能做生涯規劃。訂立並遵從目標，盡量不繞遠路有效率地活著，認為這就是人生。

然而，有效率地活著並沒有意義。人終須一死，有效率地活著，最後只會淪為「不做多餘的事，趕快死一死」而已。

大多數的人都不願意思考死亡，儘管如此，患病之後了解人生無法事事如意，即便不會突然轉念，也會覺得繞遠路或停下腳步其實無所謂。再怎麼著急也沒辦法更快的話，就不要做那些像在電車裡奔跑的事情了。當心裡有這種想法的時候，過去和未來都不存在，而是只有「當下」。專注活在當下的時候，活著就是一種 Energeia（活動）。

不僅限於生病，當人因為某個機緣停下腳步的時候，就會發現自己太過執著於過去與未來，反而沒有好好度過今天。

丈夫因病倒下，所幸救回一命，但醫生說這個病一定會復發。太太問我該用什麼心態面對往後的人生？我是這樣回答的：

沒有人知道這個病是否會復發，就算真的會復發，也不知道那是什麼時候的事。既然如此，就不要害怕復發這件事，夫妻和睦地好好度過每一天吧！疾病復發的時候，的確需要思考該怎麼辦，但現在唯一能做的事情就是不要煩惱何時會復發，好好度過兩個人能在一起的今天。

即便能夠透過治療恢復健康，在身體復原之前的這段時間也不會是什麼過渡期，而是一段接受治療的人生。生病的那段時間也是擁有本質性的完整人生。人也不會因為病好了，就再度開始過真正的人生。對病患來說，「只有」生病的當下，唯有當下才是現實。無論疾病最後會變得如何，人都只能活在當下，當下才是真正的人生。

這和沒有生病的時候是一樣的，即便訂立了某個目標，在達成目標之前的時間也不是什麼過渡期，那段時間也是真正的人生。

哪都不去也無所謂

進一步說，哪都不去也無所謂，一直待在「原地」也沒關係。

罹患失智症的父親，某天起床的時候表情非常凝重，那是我在家裡照顧父親時發生的事。

「我今天就回去。」

父親已經搬離以前獨居的房子，所以沒有能回去的地方。父親突然說要回去，讓我嚇了一跳，但我決定問他究竟是想到什麼才這麼說。一問之下才知道，父親認為現在住的房子只是臨時居所，所以覺得自己一定要回去「那裡」才行。

「那裡」可能是他獨居已久的家，也可能是從小長大的老家。

我告訴父親這裡不是臨時居所，而是自己的家，不需要回去任何地方。父親聽我解釋完之後，終於理解這裡就是永久的住處。

「那我就不用去其他地方了呢。」

認為自己不用去其他地方，就待在這裡也沒關係非常重要。現在的人生就是全部，不需要刻意去過其他的人生。

不採取任何行動

耶穌一行人前往耶路撒冷的時候，途經某個村落。名為瑪爾大的女子邀請耶穌到自己的家裡。

她有個妹妹叫做瑪利亞。在瑪爾大為招待耶穌而辛勤勞動的時候，瑪利亞坐在耶穌的腳邊聽耶穌談話。

瑪爾大有點生氣地對耶穌說：

「主啊！我的妹妹丟下我一個人伺候，你不介意嗎？請叫她來幫助我吧！」

耶穌回答：「瑪爾大，瑪爾大！妳為了許多事操心忙碌，其實需要的唯有一件。瑪利亞選擇了更好的一份，妳是不能奪去的。」（《路加福音》）

德國的神秘主義者埃克哈特大師（Meister Eckhart）擷取這個段落，表示「瑪爾大害怕像瑪利亞那樣停留在幸福感之內，會無法往前進」。（埃克哈特大師《埃

克哈特布道集》）

瑪利亞之所以沒有採取任何行動，是因為她選擇了當下的幸福。真正幸福的人會停下來，不採取任何行動。因為不需要去其他地方也很幸福。已經確實掌握到幸福的人，不會再為了追求什麼而行動。

不要用價值判斷「當下」

在看過上述的內容之後，接下來必須思考的是：如何看待「當下」。無論當下是什麼狀態，都不能用好壞等價值來判斷。如同前文提到的，活著本身就是一種痛苦。不過，即使如此也要接受這份單純的痛苦，不要去判斷好壞。

假如自己罹患的疾病很難康復，也應該坦率接受。只要接受即可。即使現在生病而且不太可能痊癒，也不要認為這種狀態是一片黯淡。

一般來說，大家都會認為生病前的健康狀態是正面的，而生病是負面的。然而，我不這麼想。應該是說，大家反而不會去看生病有什麼好處才對。生病、衰老都沒有所謂的好壞。

無論處於什麼狀態，人的價值都不會改變。就算因為疾病而什麼都做不了，甚至喪失記憶，看起來像是另一個人也一樣。

被長久以來一起生活的家人、朋友說「我不認識你」的確很令人難過，也很難讓人接受。但是，即便剛開始無法接受殘酷的現實，家人和朋友也會覺得儘管變成這樣，只要人活著就很感恩，無論變成什麼樣子都能接受這個人的存在吧。如果那就是當下的現實，我們就只能從接受現實開始。

病人也必須這樣看待自己，無論自己處於什麼狀態，他人都能夠接受，如果自己也能接受處於任何狀態的他人，那麼一定也能接受自己。

因此，剛才美丘的問題：「我還有多久時間能活得保有自我？」其實可以這樣回答：

「妳一直都能保有自我。」

因為美丘在筆記上寫的「人格」，完全沒有任何改變啊。

疾病對家人的影響

話雖如此，如果家裡有人生病，親人的人生就會大幅轉變，這也是事實。有些人因為了解這一點，所以怕給家人添麻煩而拒絕維生治療。

這是因為他們認為生病之後什麼事都做不到，自己已經沒有生存的價值。也就是說，他們認為自己的價值只有實用性，而且懷疑活著是否真的有價值。前文已經討論過這些想法有什麼問題，不過對家人來說，罹患疾病這件事，真的如患者本人所想，是一種「麻煩」嗎？

如前文所述，人不需要滿足任何條件。因此，即便美丘什麼都做不了、失去語言能力，她仍然是美丘。

人只要活著就對他人有所貢獻、具有價值，不僅限於病患。

負責照顧、看護病患的人，會因為對患者有所貢獻而感到自己有價值。不需要認為自己必須做什麼特別的事才行。任何人都一樣，不需要特別做什麼，也對他人有所貢獻。我希望大家能明白，向他人求助並不是麻煩別人，反而是給予對方貢獻的機會，所以求助本身也是一種貢獻。

和美丘交往的太一這樣說：

「愛情一點也不難，只要一直陪著對方到最後一刻就好了，光是這樣就已經達到愛的最高境界了。」

我父親長年為心絞痛所苦，他接受導管治療，每半年都要住院檢查。不知道第幾次住院的時候，父親的狀況突然急遽變差，眼看著血壓越來越低，我已經作好父親會死的心理準備。所幸，父親留下一命，病況稍微和緩的時候，父親主動關心我的身體。父親即便在病時也能關心我的身體，這讓我很震驚。

後來父親罹患失智症，最後除了吃飯時間以外都在睡覺。在那之前，我還能用輪椅推父親外出散步、一起聊天，但後來連這些事情都做不到了。然而，某天我說：

「你要是整天都在睡覺的話，我不來也無所謂了吧。」

父親這樣回答：

「那是因為你會來，我才能安心睡覺。」

我一直認為照顧病患一定要做點什麼才行，但父親教會我，即便什麼都不做只是陪在身邊，也能對人有所貢獻。

照顧母親的時候，母親一直躺在病床上，最後我幾乎無法為失去意識的母親做任何事。不過，如果當時母親能夠說話，應該會和父親說一樣的話吧。

照顧孩子的時候，會覺得孩子今天做不到的事，明天可能就做得到了，一想到這裡就會想繼續努力。然而，有些人會覺得照護病人是會眼睜睜看著今天能做到的事情，明天就做不到了，因此讓人感到痛苦。

不過，從只有「當下」的角度來看，照顧孩子和病人都是一樣的。能和父母或子女一起度過今天，本身就是令人歡喜的事，如果能有這種感受，相信人的想法也會改變。孩子長大之後，能做到現在做不到的事情，然而，父母並不是因為孩子能做到什麼事而感受到養育孩子的喜悅，而是在養育孩子的時候，「當下」和孩子在一起就覺得無比喜悅。

父母或許會漸漸做不到許多事，不過，父母仍然是父母，這件事不會有任何改變。「當下」能和父母在一起，本身就是很令人歡喜，完全不需要因為擔心往後的事情而變得不安。

病患也能有所貢獻

照顧、看護自己無法做任何事的病人或者年幼到無法自行處理大小事的孩子時，有些人非但不會感到厭煩，反而還會覺得喜悅。照顧病人、照護老人小孩都會讓人覺得有貢獻。當然，病人不是為了貢獻感才生病，不過病患的貢獻，就是讓家人獲得貢獻感。

宮澤賢治有一個小他兩歲的妹妹叫做宮澤敏，儘管賢治悉心照顧，她仍然在二十四歲時離開人世。失去最愛的妹妹，讓賢治一頭埋進壁櫥裡嚎啕大哭。

賢治的詩作〈永別的早晨〉就是為了妹妹寫的。在詩中，宮澤敏這樣說：

「假如重獲新生，

但願能活得輕鬆，

不再受任何苦難。」

她希望以後重生時，即便會為疾病所苦，也不要再像此生一樣只為自己而痛苦。

生病的時候只能想到自己，尤其是苦於病痛的時候，完全無法想到其他人。

然而，讀這首詩打動我的地方，就是宮澤敏並非全然為自己感到痛苦。

降下雨雪的早晨，敏拜託賢治「幫我接一碗雨雪」。賢治對敏（在詩中稱為敏子）說：

「啊，敏子

即便值此死亡之際，

妳仍為使我一生光明，

而向我要求，

盛一碗冷冽的清雪。

謝謝妳，我勇敢的妹妹。

我今後也將筆直前行。」

賢治認為妹妹「請取一碗雪」的要求，是為了照亮自己的一生。然而，敏並不知道自己以這樣的形式對賢治產生貢獻。賢治正是為此感到悲傷。

光是活著對他人來說就是一種喜悅，就是一種貢獻。既然如此，根本不必因為生病而覺得自己沒有價值。

然而，敏並沒有這麼想，所以她才會希望來生不要再像此生一樣，只為自己感到痛苦。而敏要求的那一碗清雪，真的照亮了賢治的一生，即便是躺在病床上的人，也不會對家人造成困擾。

用想的也知道，如果換作賢治生病，敏也一定會照顧他。儘管如此，敏卻無法接受哥哥照顧自己，所以敏沒辦法像個任性的病患，要求哥哥為自己做各種事情。

對敏來說，在死前請哥哥取一碗雪，一定很需要勇氣。然而，敏這樣拜託賢治的時候，賢治很開心。妳終於拜託我了，謝謝妳。這句「謝謝妳」是感謝妹妹讓自己有所貢獻。病患不只不會為家人帶來困擾，還能讓家人擁有貢獻感。

在這首詩中，敏是為了讓賢治一生光明才拜託他盛一碗雪。然而，賢治一定早就知道妹妹的存在本身便能讓自己一生光明。

活著不會進化，但會變化

人一生病就會立刻發生很多問題。譬如說丟了工作、生活陷入困境，就會影響和家人之間的關係。就這個層面來看，生病的狀態的確會失去很多東西，看起來很負面。正因為如此，人一旦生病就會想找回健康，為此接受治療、吃藥、努力復健。

阿德勒曾說人類的整體生活「就是從下到上、從負面到正面、從失敗到勝利前進的過程」，他把這個過程稱為「追求優越性」（《人生意義心理學》）。然而，我認為生病的狀態不是「下」、「負面」或者「失敗」。病患只是處在生病的狀態，並沒有比健康的時候差。姑且不論試圖努力從下到上、從負面到正面的過程，生病會被歸類為「下」或「負面」的狀態，但把生病當作「失敗」就有問題了。病患並沒有失敗。病患並不是被疾病征服，也不是被病魔侵蝕。同樣地，痊癒的人也不是和疾病抗爭之後獲得勝利。

如果沒辦法「好轉」的話，終止維生治療就好了嗎？這的確不是能輕易決定的事，但應該沒有人會覺得因為疾病或身體障礙而無法做任何事就不具有活下去的價值，甚至不應該活著吧？

之前提到的希伽（Lydia Sicher）認為，阿德勒所說的優越性提到上下的概念，但在阿德勒說「活著就是一種進化」時，就已經沒有「上」、「下」之分，而是往「前」的動力，並沒有優劣之分。（Lydia Sicher, The Collected Works of Lydia

Sicher）。

根據希伽的說法，人們各自從出發點朝目標前進，大家都在相同的平坦大地上前行，只是有些人走在自己前面，有些人走在後面，有人走得快，也有人走得慢，只是如此而已。

然而，即便是用這種角度來看，還是有很多人會覺得走在「前面」的人比較優秀吧。從人生就是「進化」這一點來看，這種想法和阿德勒還是不謀而合。

我住院的時候，為了復健而走在醫院大樓與大樓之間的漫長走廊上。當時，在走廊上的行人，隨便都能從後面超越我。

在用「超越」這個詞的時候，前提就是超越我的人比我優秀。

儘管再怎麼緩慢，只要有前進就行了。就算試著告訴自己這和他人沒有關係，但是「往前走、走在別人前面」還是比「無法前進、走在別人後面」來得優秀。如果用阿德勒或希伽的說法來看，前進就是一種進化，而且令人無法反駁。

只要從這種進化的觀點來看，即便導入和阿德勒不同的「前」、「後」概念，而非「上」、「下」，對無法前進的老人和難以恢復健康的病患來說，還是不如年輕人和健康的人。

復健之後，我終於可以輕鬆地快速走完較長的距離。輪到我能超越那些比我晚開始復健、現在只能慢慢走短距離的人了。

然而，我並不認為自己比那些人優秀。我們只是在不同的地方走路，無論走在前頭還是後面，都沒有所謂的優劣之分。大家只是各自按自己的步調在走而已。

接受治療、努力復健並不是為了從負面狀態轉為正面狀態，也不是為了恢復到和生病之前相同的狀態。況且，世界上本來就有無法治癒的疾病，不過，即便如此，復健也不會因此變得沒有意義。

如同前面看到的，人活著就有價值，無論是疾病還是健康。

接著，我們再進一步思考活著這件事吧。

剛才我提到活著並不意味著「進化」，那麼活著到底是什麼？活著不是「進化」而是一種「變化」。

即便無法前進，甚至往後退，每個當下的所有狀態都是活著，沒有所謂的優劣之分。如同前文提到的，走在前面也不代表特別優秀。

剛出生時什麼都不會的孩子，漸漸學會很多事情、健康的人罹患疾病、年歲漸增，無法做到年輕時輕而易舉就能做到的事情。這些都只是變化而已，不需要比較以前和現在的狀態，去評判進化或退化。

而且，沒有變化也是一種變化。這並不是實際上真的沒有變化，而是人沒有發現變化而已。即便不像小孩那樣有明顯的變化，自己心中也會有緩慢的轉變。

話雖如此，變化不見得是好事。認為必須有所變化也是大錯特錯。即便對比過去和現在而發現變化，或者以前不會的現在會了、以前會的現在不會了，這些都是等價的狀態。而且，沒有變化其實是一件可喜可賀的事情。

照顧因腦中風病倒的母親時，平日都由我負責，週末會請其他家人來換手。週末結束，早上我再去接手照顧。平常一直在一起的時候，我並不會每次都因為病情的變化而心煩意亂，但是週末稍微離開一下再去照顧母親，就會很怕這段時間發生什麼事。這種時候如果沒有什麼大幅變化，我就會覺得安心，甚至覺得感恩。

第三章

老

人生は苦である、でも死んではいけない

年老不等於衰敗

針對衰老這件事的思考方式也一樣。

只要一直活在「當下」、「此時此地」就不會老也不會死。衰老和死亡，沒有所謂的好或壞。

年老的現在並不代表比年輕時差，只是處於年老的狀態而已。不需要用孰優孰劣的價值來判斷年輕和衰老。

反之，也不需要把健康和年輕當成具有正面價值的東西。因為人生的每個階段都不會比他人來得好或壞。

然而，就累積智慧這個層面來看，年齡增長反而有正面意義。

可是為什麼大家都從否定的觀點看待衰老呢？那是因為大家只會從實用性的觀點來判斷人類的價值。如果評價一個人的時候「能做什麼」是最重要的關鍵，那麼當人年歲漸增，身體和智力衰退之後，的確就沒有活著的價值了。

三木清說成功與進步相關（《人生論筆記》），令人聯想到以前的高度經濟成長圖。衰老之後就無法工作，所以就實用性上來說，會覺得自己沒有價值、以後大概不會再繼續向上提升了吧。對於有這種想法的人來說，衰老就是走下坡。然而，我們並不需要這樣看待衰老。就像剛才提到的，只要把衰老當成是一種變化即可。

柏拉圖在《國家》這本著作中，有這樣的內容——正值壯年的蘇格拉底問高齡的刻法羅斯：年老是一條險峻的道路，還是能輕鬆前行的道路？

刻法羅斯這樣回答：有些老人會悲嘆自己不如年輕時幸福，因為年輕時可以沉溺於飲酒和肉體歡愉，老了之後就不再能享受，悲哀到像是自己已經死了一樣，甚至還有人抱怨身邊的家人虐待老人。然後，以這些狀況為由，控訴年老就是自己變得不幸的原因。

然而，刻法羅斯對蘇格拉底說：

「我覺得他們把不相關的事情當成真正的原因了。」

因為，他年輕時的兇暴情緒宛如威猛的暴君，現在終於得以解脫，變得能夠享受真正的和平與自由。

「品德端正又知足的人，年老之後也不會太苦。蘇格拉底啊，品德不端正又不知足的人，無論年老還是青春正盛都會很痛苦。」

在這裡要注意的是刻法羅斯說：品德不端正又不知足的人，先不論年老，「就連青春也會很痛苦」。雖然年齡增長，但並不是每個人都覺得年老很痛苦，如果不是「品德端正又知足」的人，即便是青春正盛也不會感到滿足。

不是每個人都會隨著年齡增長而變得品德端正又知足。年輕時知足的人，不管到幾歲都不會變，不知足的人即便已經擁有需要的東西，也永遠不會滿足。就像在開著孔的花瓶裡加水，加再多都不會滿。

年齡漸增的確會有越來越多事情做不到，然而，這不見得會帶來不幸。因為失去以前擁有的東西而感到憤憤不平的人，年輕的時候應該也一樣。也就是說，這樣的人就是品德不端正又不知足。這樣的人無論獲得什麼，都不會滿足。

「年輕時只想著要存錢的人，對其他的事情一無所知。因為他們不懂得閱讀，才會覺得年老是一種不幸。」

我的高中老師也說過這樣的話，我覺得自己高中的時候尚未正確理解年老這件事，但我很清楚記得，老師說他以後退休，就要把年輕時買來放著的書讀完。很遺憾的是，老師很早就過世了，所以沒辦法過上這樣的老後生活。

另外，佛教經典也這樣說：

「不學習的人，會如牛般老去，徒增肉身，不長智慧。」（《法句經》）

認為成功才有價值的人，不了解真正的「學習」，所以才會衰老。人不是因為衰老才無法增長智慧，而是因為怠於學習才會衰老。

柏拉圖在著作《理想國》之中，如此描述希臘這個都市國家的市民應該承擔的義務——年輕時要注意身體，鍛鍊基礎體能，達成兵役的義務。壯年時除了兵役之外，還要負擔都市國家的公務。接著，等到五十歲時，從政治與兵役的義務中解脫，就應該要專心鑽研哲學，擔負統治國家的任務。

當然，能夠做到這一步的人，只限於修習數學等預備科目，累積公務上實務經驗的優秀人才。然而，學習哲學的哲人統治者不能引退。在死之前，都要輪流擔負統治國家的任務。在柏拉圖的理想國家裡，人是不會衰老的。

我們以醫學為例思考看看吧。為了成為醫師，必須作好許多心理準備。年輕的醫師有精力，所以能拚命學習，學會最新的醫學知識。然而，光是這樣還不能成為一名優秀的醫師。

看診時只要使用檢測儀器就能從患者主訴的疼痛等症狀找到病灶。這對醫師來說也是必要的技能。儘管如此，年輕醫師看診的時候，還是會讓患者覺得不安。

這是為什麼呢？

原因之一是因為年輕醫師的臨床經驗不足，再來就是年輕醫師會看病，但不會看「人」。碰到身體覺得很疲倦又有發燒的患者，醫師會從症狀判斷是哪一種疾病，然後再識別造成該症狀的主體細菌或癌細胞，施以有效的治療。要做到這些事情，的確需要科學的醫療，也需要最新的醫學知識。

然而，問題在於就算看檢查資料就能知道患者罹患什麼疾病、該如何治療，他們也不懂得看最關鍵的「人」，不懂得體貼患者的心情。

大家會用颱風幾號來稱呼颱風，但實際上颱風並沒有實體。有的只是風雨強到讓人連走路都很困難、因為大雨而河川氾濫等天氣現象。識別幾號颱風帶來風雨，而且會靠近九州地區，這樣才有可能有效並適切地因應風災。計算颱風的移動速度，了解風雨什麼時候會最強，就能在碰到危險之前先行避難。

生病的時候也像上述這樣，釐清身體的疲倦、發燒是什麼樣的症狀，然後再識別造成該症狀的主體細菌或癌細胞，的確能施以有效的治療。畢竟醫師的工作就是擊潰引發症狀的疾病。

以患者的角度來說，對這一點也沒有異議。然而，有時候這種治療也會失敗。

即便手術成功，病還是有可能治不好。對患者而言，如果病治不好，手術就不算是成功，但若把病患當作「人」看待，才可能說出以下的話。

我接受心臟繞道手術時，有三位執刀醫師。其中一位醫師在手術前一天，告訴我可以選擇不動手術，讓我很震驚。當我問他是否真的有不動手術這個選項的時候，他回答：「這是你的身體，你自己決定就好。」那位醫師並不是強烈支持不動手術這個選項，但我仍然很感謝他把我當成一個「人」，而不是要動心臟繞道手術的患者看待。

我曾經照過胃鏡。讓我很驚訝的是，醫師說明檢查結果的時候，完全沒有正眼瞧過我這個患者一眼。對那位醫師來說，正確分析檢查資料非常重要，誰接受檢查其實無所謂。

另一方面，有心的醫師除了正確診斷之外，也懂得照看病患。有人會覺得在擁有最新檢查儀器的大醫院接受檢查比較安心，或許也有人覺得醫師只用聽診器貼在胸前和背上檢查會令人不安。

然而，疾病不是任何時候都能使用檢測儀器，就算能使用儀器，也不能保證儀器能一直保持正確的診斷。如果是經驗尚淺的醫師，可能會漏看儀器發現的徵兆。既然如此，就不代表精通儀器的醫師才能放心。

不依靠儀器仍能看診並治療的醫師才更有能力，而且就病患的角度來看，醫師不是面對疾病而是面對「我」這個人，也能讓人產生安全感。

以診斷的正確度來說，或許人工智慧早晚有一天會取代人類的醫師，甚至可能正確預測還剩下多少壽命。

然而，人工智慧做出的診斷或殘餘壽命的預測，不見得適合「這個人」。譬如患者（不是指一般患者，而是「這名」患者）即便無法痊癒，也想知道「如果接下來想活得保有自我，現在能夠做什麼？」這種問題只有人類醫師才能回答。

治療和手術也不是「會做」就好。之所以這麼說，是因為「這個人」的治療和手術才是問題的核心。

即便不是人工智慧，只要醫師讓患者覺得對方只看病不看「我」，不是因為有其必要才對「我」的身體動刀，那患者就無法信任醫師。擁有臨床經驗的醫師，在看診的時候都會面對人。我不能斷言年輕的醫生不關心病患，年長的醫師才懂得關照病患。但是，一般而言，累積經驗之後，醫師才能不只看症狀，而是整體性地觀察患者。

剛才柏拉圖提到的政治家也一樣。政治家有時候需要瞬間做出最適當的判斷。為了做到這一點，不只要累積知識，也需要累積經驗。

年歲增長之後，才比較能夠不墨守成規，懂得該怎麼去看、去判斷一個人。剛才提到，哲人統治者不能引退，到死為止都要輪流擔負統治國家的任務。統治需要經驗，所以必須由年長者擔任。然而，在現代社會中，不只政治家，有很多人都只是徒增年齡，並沒有變得更加睿智，這一點也是事實。人只長年齡而不長智慧，實在很頭痛。

年老之後的學習

我國中的時候開始學英文，第一次學外文覺得非常有趣，所以非常熱中於學習，那已經是距今四十年前的事情了。當時不像現在這樣能輕易獲得語音教材，不過，我除了在學校之外，也透過廣播的英文課程學習。我住的地方離觀光景點很近，所以也會對那些來訪的外國人說說自己剛學會的英文。

最後覺得學英文還不夠，還透過廣播學了德文和法文。我想我當時只是純粹因為學習的喜悅而學習，完全沒有想到自己明明才剛開始學英文，同時又學德文和法文，這樣到底有沒有意義，也不覺得如果有時間學外文，應該把時間花在英文上面才對。

升上高中時，我已經能讀英文了。因為英文老師很嚴格，所以除了學校的教科書之外，我也漸漸能讀其他的原文書籍了。當時我沒考慮到這種讀書方式，可能會妨礙自己的升學考試。

上大學之後開始學德文、法文、拉丁文、希臘文。因為高中老師告訴我，上大學之後一定要學近代和古典語言，所以我忠實地按照老師的建議開始學習。

我毫不猶豫地選擇在大學修習哲學，要修習哲學就必須從希臘哲學開始。老師們說哲學這個詞彙和概念都來自希臘，所以必須學習希臘哲學，否則無論過多久都只能瞎討論瞎猜，我覺得很有道理，所以開始認真學習希臘文。

我本來就喜歡學外文，所以學希臘文這件事我並不覺得痛苦，但研究所的入學考試會考希臘文的相關知識，參加這種只有少數幾個人能合格的考試，我就必須把其他考生當作對手了。儘管知道問題在於自己的實力，但還是得在競爭中取得勝利才行，結果讓我難以好好花時間慢慢咀嚼《柏拉圖對話集》。

研究所畢業之後，我在奈良女子大學教授希臘文。我的目標是讓學生有興趣學習文法比近代語複雜、需要大量背誦的古典語言，為了達到這個目的，我在課堂上不考試。實際上也不需要考試，學生都很優秀，沒有人因為不用考試就不讀書。

當然，學生雖然沒辦法一開始就完美掌握希臘文，或者馬上就能閱讀希臘文，但我很自豪能夠在毫無競爭的狀態下，教導學生學習語言的喜悅。四月從字母開始學習的學生，到了十一月就已經能閱讀柏拉圖的《蘇格拉底的申辯》。

然而，像這種與競爭無關的學習，對年輕人來說是一種特例。因為年輕時有定期考試、入學考試、就職考試或升職考試，為了這些考試不得不學習相關知識。當然，你可以不要把考試當成是和他人的競爭，但是考試的評價如果會改變人生，就會有很多人沒辦法在體會獲得新知的快樂之下學習。

即便不在公司工作，想成為研究者，在大學執教鞭的話，就必須在學會發表研究內容、撰寫論文。這就是研究者的業績，沒有業績的話，就沒辦法在大學擔任教師。

即便獲得教職，為了持續在大學任教，還是必須在學會發表研究內容，每年產出好幾篇論文。如此一來，這些研究就變成為了寫論文的研究，而不是探究真理。這樣也能稱之為研究嗎？

研究所畢業時，我才發現自己學習的東西，不是我原本想學的哲學。結果，讓我覺得學習一點也不有趣了。我想成為哲學家，而不是哲學研究者。年輕的我曾經這麼想。

真正的學習必須脫離有用性和實用性，只要被這些東西束縛，就無法真正地學習。在人歸屬於學校或公司，必須與他人競爭時，很難做到真正的、脫離有用性的學習。

令人慶幸的是，年齡增長之後，就能擺脫競爭和評價的束縛，所以能夠感受到年輕時無法了解的學習的喜悅。而且也有大把的時間，沒有所謂的期限。

應該有很多人年輕的時候，學外文是為了找工作或升職吧。然而，年齡漸長之後，不需要在短時間內背誦大量單字，也不用考試。即便只有一句，如果能用原文去讀，而且花時間慢慢解讀，光是這樣就能讓人覺得喜悅。

年齡增長之後的學習，不只能從競爭和評價之中解脫，還能獲得從年輕時累積的知識和經驗。很多人認為年華老去之後，智力也會衰退，也會說自己的記憶力不如年輕的時候，然而，實際上智力衰退大多只是大家的想像而已。如果高中、大學時期認真學習，應該大部分的東西都能學會才對。

然而，說自己年老之後和年輕時一樣努力，也不會輸給年輕人這種話，就表示說話者認為的智力只局限在記憶力。智力不只需要記憶力。

我年輕時認為記得著作中的哪個地方寫了什麼是身為研究者的必要能力。然而，現在這個時代，著作內容都保存在伺服器中，只要用電腦搜尋，隨時都能馬上找到需要的部分。

既然如此，是不是只要有電腦，任何人都能成為擅長撰寫研究論文的研究者呢？其實不然。我在寫原稿的時候，會回想過去讀過的書中，哪些地方寫了什麼，但這和在電腦上檢索全文不同。突然想到什麼的時候，我會借助電腦的力量，但電腦只是工具，並不會思考。

人不會因為累積經驗變得聰明，但是為了獲得整體性的智力，而非局限於記憶力的智力，就必須累積從年輕時期長年堆疊的思考經驗。

年輕人沒辦法獲得這種智力，但這並不代表老人比年輕人優秀，而是智慧的種類不同。以前我教過的學生曾說他在高中畢業之前，讀完收錄世界古典文學的數十冊選集。那部選集當中也有收錄佛教經典、柏拉圖對話集、近代與現代的哲學書籍。然而，我認為無論閱讀能力再怎麼出眾，年輕人仍然無法理解內容。

剛上大學的時候，我讀了里爾克（Rainer Maria Rilke）的《馬爾特手記》（The Notebooks of Malte Laurids Brigge），那是德文的教材，當時我的德文能力並不充足，就算能理解語言，也無法掌握里爾克想表達什麼。

「詩不像人們想像的那樣，只是一種情感表達。（如果只是情感，無論多年輕都能擁有）詩不是情感，而是經驗的表達。」

為了寫一行詩，必須體驗各種經歷。然而，體驗過某種經歷再回想還不夠。

「經驗在我們的體內化為血液、眼神、表情，當這些經驗失去名字，已經無法和自己區隔開來的時候，才會在短暫的時間裡，從回憶中浮現詩篇的第一句話。」

辻邦生這樣說（《薔薇的沉默》）。好友森有正偶爾會提起的里爾克，和當初在東京時想像的詩人不一樣。這位森有正是後來客死在異鄉巴黎的哲學家。

「（森）以一副很煩悶、很憤慨的樣子說『有人會說里爾克是immer-frauen-Seele（永保女性靈魂的人），但他擁有的可不是優雅又脆弱的女人心。里爾克說過，如果不知道女人做愛時的呻吟，就無法寫出真正的詩句』。」

讀到這裡，我就明白當時我的確完全不了解床笫之私，關於性事也沒有過度的想像，所以完全不懂里爾克也是理所當然的事情。

辻認為森說的應該是指《馬爾特手記》裡的這段描述。

「每晚都像前一天夜裡一樣火熱（Liebesnächte）。產婦的哀號。身裹白衣精疲力竭地入睡，等待肉體復原的產後婦女。詩人必須把這些過程放在回憶之中。」（大山定一譯）

既年輕又毫無經驗的我，沒能成為哲學家，也沒能成為詩人。

因為我有越來越多到韓國演講的機會，所以年過花甲之後，我開始學習韓文。剛開始，我只能在演講開頭說一、兩句韓文和大家打招呼，但之後就想再多說一點。

因此，我開始自學韓文。後來偶然認識住在日本的韓國老師，便請他來當我的個人家教。我年輕的時候學了很多歐美的語言，但這是第一次學習亞洲的語言。

我馬上就發現韓文有很多單字發音不同，但其實和日文一樣，文法也和日文非常相似。除了相似的地方，我也發現不同之處，所以開始會和老師討論某個詞彙的用法和日文一樣或者某個韓文的用法日文也有，但意思不一樣。

結束基礎的文法課之後，我和老師一起閱讀金衍洙的散文。剛開始的時候，就像我年輕時學希臘文一樣，讀一頁要花好多時間。然而，現在雖然語言能力不足，但和年輕時不同，我除了讀的時候對內容有興趣，也能用自己的觀點來批評金衍洙所寫的文章。書雖然是用我還沒學多久的語言寫成，但是感覺就像在讀從小就接觸的母語一樣。

說到我年輕時學習、後來又長年執教的希臘文，近幾年我出版了柏拉圖著作的譯本。為了研究而閱讀的時候，我找來註釋書和翻譯書，專注在內容的閱讀方法等細節，但是後來就漸漸能夠把精神集中在柏拉圖的思想上了。我很希望譯本能夠傳達給有需要的人，但這並不算在大學教職的業績之內，所以直到現才能擺脫實用性的束縛，投入翻譯工作之中。

從這個角度思考的話，我並不會擔憂自己的衰老，也不會想要回到年輕的時候。如果能夠在保有綜合性的智力，而非單純記憶力的狀況下重返青春，那就另當別論了。

柏拉圖自己曾說，會在八十歲的時候「寫文章寫到死」。（西塞羅《關於老年》）我擅自想像柏拉圖在撰寫未完成的大作《法律篇》時倒下的樣子。

精神科醫師神谷美惠子在撰寫《關於生存價值》一書時，曾在日記中這樣寫：

「完整應用過去的經驗和學習到的東西，是一件多麼令人感動的事情啊。我每天都會想到這一點，而且當我這麼想的時候心中就會充滿誠摯的喜悅。」（《神谷美惠子日記》）

這段話精采地表達出年齡增長是怎麼一回事，能夠「完整應用」過去的人生經驗是一件令人喜悅的事。

年老不只單純增長知識而已，神谷說她想把《關於生存價值》的內容寫到「即便稍微裁減一點，我都會真的流血的地步」。

神谷在《關於生存價值》一書中，引用「失去原本將共度一生的伴侶的女孩手記」。

「我的人生已經絕對、絕對不會再回到原本的樣子了吧？啊——我今後到底該為什麼而活啊？」

據說這本手記就是神谷自己的手記。「即便稍微裁減一點，我都會真的流血的地步」指的不是邏輯性的書寫，而是她以自己的經驗為基礎，寫下的真實心情。

人活得久了，能體驗到的不只有喜悅，也會有痛苦，但是只有在老後才有辦法把這些寫出來。

第四章

沒有意義的「實用性」

人生は苦である、でも死んではいけない

實用性很「貧瘠」

彙整前面的內容，可以這樣說：

「實用性」（＝經濟性）對人類的幸福毫無意義，然而人類通常都會被這種實用性束縛。大多數的狀況下，人們連自己被束縛都不知道。我們來看看這是怎麼回事。

有人認為只有實用性才是自己或人生的價值。「這麼做可以獲得什麼？」、「做這種事有什麼好處？」會問這種問題，就表示已經被實用性毒害了。

追求在社會上發黃騰達的人，學生時期會拋棄無謂的學習，完全講求效率。讀書只為考取證照、獲得穩定的工作或者升官，整體來說就是為了成功，他們不會把目光放在和達成目標無關的地方。而且，對成功就能幸福這一點深信不疑。

我以前曾在大學的護理學系教授生命倫理，明明離國考還有很長一段時間，但是認為學這種考試不會出的科目只是浪費時間的學生，即便在老師面前也會拿出考古題來讀。

除了教科書以外，不讀其他的書，就算讀其他的書，也只讀實用性的書籍。

還有人會速讀，一天讀好幾本書。站在作者立場，我很想說：我花了好幾年寫的書，只花幾分鐘讀，到底能看懂什麼？不過，想從書中獲得「資訊」的人，根本不會想要慢慢讀書。如果是為了收集資訊的話，根本不需要「閱讀」，所以市面上還有教人不用讀就都能獲得資訊的書。

大學也漸漸變得職業學校化。總有一天，大學會只教「有用」的學問。我長年任教的奈良女子大學，因為選修古希臘文的學生太少而突然抽掉這門課。之前就有人提出抽掉希臘文課程的意見。但是，當時因為有教授堅持抽掉希臘文這門課是奈良女子大學之恥，所以好幾次都被駁回。

教授們應該都知道希臘文、拉丁文是西歐文化的基礎，但是不讀古典語言的年輕教師在教學委員會中占優勢之後，就以不符合經濟效益、無法期待課程效果（之類的理由），把希臘文的課程砍掉了。

加藤周一大學時期不只上醫學院的課，也會到文學院聽講。法國文學助理教授鈴木信太郎對法國詩人斯特凡．馬拉美（Stéphane Mallarmé）的研究非常透徹，加藤周一出席這堂課的時候，教授提到詩人的生涯，其中一個部分在探討某年馬拉美租屋處的房租是多少錢。

「『哇，真是嚇了我一跳耶。』我對當時就讀法文系的中村真一郎這樣說。『少在那裡抱怨，你們還算是運氣好的。』中村這樣回答。『今年不是都在談馬拉美嗎！你想想看，馬拉美出生也要花一年的時間啊！一整年喔！』」（遠藤周一《羊之歌》）

大學的學問就是這樣。如果不是那種讓學生能輕輕鬆鬆理解的課程，在教學評鑑就會得到低分，這種事情本來就很奇怪。

為什麼大學會變成這樣呢？

我高中時期有很多很棒的老師，但其中有一位老師告訴學生重考一年會讓一生的年收減少多少，我仍記得當時自己非常震驚。因為他的意思是，為了不蒙受損害，先不要去想大學究竟要學什麼，總之能考上的就先去讀。實際上，有很多人的確是考上哪裡就去哪裡，就算有想學的東西，考不上大學就什麼都無法開始了不是嗎？

對這樣的學生來說，重考、留級就等於是在出社會前就受挫，所以想要避免這種狀況，而且，能上哪一所大學是看偏差值。想在大學學什麼不是重點，只要是知名大學，讀哪個系都沒關係。就讀哪個系，明明對往後的人生會有很大的影響啊。

就這樣，大學時代只是就職前的一個階段，在大學的學習（如果有在學習的話）也只是為了工作而學習。

穿著西裝參與就職活動的學生，把自己會用文字處理軟體、試算軟體當作是賣點，塑造成是能立刻上戰場的「人材」，努力推銷給企業。「人材」又寫作「人才」，本來是指擁有優秀才能的人物，現在則變成組織營運的材料了。如果是材料的話，換成其他人也無所謂。

當然，企業也不會選擇任何人都無法取代的「獨一無二的你」。只要是能隨時上戰場的應屆畢業生，誰來都可以，而且，學生在大學時期學什麼也不被重視。明明什麼都沒學到的話，就沒辦法成為能立即上戰場的人，但是大家都認為必要的知識到公司再學就好，不用在大學時期學一些多餘的東西。接受這樣的教育，學生就真的會變成「人材」。

學生並沒有無精打采，而是拚命為了工作而學習的話，乍看之下或許是學生自己決定要學什麼，但是實用性和成功等決定要學什麼的基準，並不是學生自己的選擇，只不過是迎合社會和世俗認為好的價值觀而已。既然大家都這麼做，那就可以安心了。

然而，他（她）們認為有價值、毫無疑問去追求的飛黃騰達和成功，都只是外在賦予的價值，並不是自發性的追求，而是配合外在的價值。因此，他（她）們雖然看上去是積極而主動地活著，但生存方式卻很被動，不能說具有主體性。

有一次，搭電車的時候，有個年輕人突然問我在讀什麼書。不知道是不是得知我正在讀某個日本知名精神科醫師的書之後，對我敞開心扉，主動說自己罹患憂鬱症。

「大人都叫我適應社會，但是，那等於叫我去死。」

會想自殺的年輕人都個性認真，而且纖細敏感。他（她）們直覺性地躲避「毫無疑問追求成功、毫不抵抗這種適應社會的生存方式」。如果被迫過這種生活，還不如去死，有人會這麼想也不稀奇。

李滄東導演的《燃燒烈愛》裡有一個角色，提到非洲喀拉哈里沙漠的薩恩人會把人分成小人物和大人物。小人物是因為肚子空空而感到飢餓的人，大人物是想知道人為什麼活著，為人生的意義感到飢餓的人。

以成功為目標，最後真的成功的人，並不是為人生意義感到飢餓的大人物，所以直到最後都不知道成功無法帶來幸福。沒有遭遇任何困難、一生都過得順遂的人，無法理解即使以成功為目標規劃人生，也會因為衰老、疾病、死亡而受挫。這些人也不會思考人生的意義，然而，認真的人就會知道，這種生存方式並不是原本該有的樣子。

原本該有的生存方式是什麼？就是活在當下。相較於此，認為往後的人生什麼都不會發生的生涯規劃，完全不思考生存意義，滿足於和他人一樣的生活，這種人生就是非本來面目的虛偽人生。度過這樣的人生，絕對不會獲得真正的幸福。

把金錢當成衡量一切價值的愚昧

望向這個社會就會發現，整個社會都被生產性、經濟性支配。當發生殺人或傷人的重大事件時，除了對犯人感到憤怒之外，也要知道引發這種事件的背後，也有社會性的因素參雜其中。與其說那些是特立獨行的人所犯下的罪，不如說是案件本身反應了很多人默許的價值觀。

以前有一起事件是身心障礙設施的前職員，殺害設施內的十九個人，還造成包含三名職員在內、共計二十七人輕重傷。

殺害身心障礙者的犯人認為無法溝通的人應該要安樂死，但國家不認同安樂死，所以只好自己動手。

他殺害這麼多人並不是一時衝動，也不是憎恨社會想要復仇，而且一開始就不覺得犯下這種罪會被判死刑。

社會大眾責難他殺害那麼多人，但犯人沒有因此怯懦，反而認為自己的想法才是對的。不僅如此，他甚至認為，把身心障礙者應該安樂死的想法告訴大家，好好說明自己的想法，應該會有一半的人接受才對。

他聲稱無條件拯救生命並不會讓人更幸福，身有殘疾對家人和周邊的人來說也是一種不幸，自己之所以犯案是為了減少這種不幸。

對他來說，幸福是「金錢和時間」，照顧重度身心障礙者則會失去龐大的金錢和時間。為了讓身心障礙者活下去，需要很多費用，根本就是濫用稅金，而且有很多人會被迫面對麻煩的照護工作，所以認為身心障礙者只會衍生更多不幸。

對他來說，不花費無謂的金錢和時間才是幸福，而身心障礙者妨礙了他所謂的幸福，所以必須排除，必須讓這些身心障礙者安樂死才行。

他的想法和殺死有意識的人類的優生學思想不同，他認為應該安樂死的對象是無法溝通的重度與復發性身心障礙者，甚至聲稱他殺死的並不是「人」。如果是這樣的話，無法溝通的嬰兒也不是人嗎？

還不會說話的嬰兒與可以溝通但需要照護的老人，的確需要花很多金錢和時間照顧。話雖如此，因為這樣就判定沒有生存價值、應該安樂死還是很弔詭。如果能溝通才是身為人類的條件，那沒有意識的患者也沒有生存價值。

按照犯人的說法，重度身心障礙者只會創造不幸，能創造幸福的人都不會耗費無謂的時間與金錢，反而還會創造時間與金錢。

有些人會覺得，雖然沒錢但有時間就很幸福，這些時間難道也必須創造出什麼嗎？他所謂的幸福和人類的價值，用前面提到的詞彙來說，就是要具有生產性。

他的主張太過極端，很難讓人認同。儘管如此，當犯人說一定會有一群人理解自己的想法時，並不代表這群人認同他犯下的罪。從生產性與經濟性的觀點來看待幸福與人類的價值，這是他犯罪的基礎價值觀，有很多人也認同這樣的觀念。

他認為幸福就是「金錢」與「時間」，應該有很多人認為這些就是幸福吧？然而，如前文所述，能和金錢與時間連結的，是成功而非幸福。

就生產性的角度來看，有人會認為不結婚或者結婚不生小孩的人毫無生產性，所以沒有價值可言。生育孩子就生產性的觀點來看雖然有價值，但也有人認為養育孩子的生產性不如在外工作。就算有工作，後來因結婚、懷孕停職或離職的話，認為這些屬於經濟損失的人，就會覺得懷孕、養育孩子的價值比工作還低。

話題再回到殺害重度身心障礙者的犯人身上，他的想法太過偏激，大部分的人應該都覺得他不正常吧。然而，先不論是否應該殺死這些障礙者，很多人從生產性的角度看待人類的價值這件事本身就有問題。

這起事件後，官方明確訂定不公開受害者家屬姓名的原則。不公開受害者家屬的原因如下：

「在日本，因為優生學思想根深柢固，所以認為所有生命都有存在價值的想法並不普遍。」

很多人認為這起事件是特殊犯罪，自己不會做這種事。但是，就算自己不會犯罪，逼迫別人接受相同價值觀的人和犯人其實沒有什麼不同，不是說自己和犯罪的犯人不一樣，事情就可以解決。

他認為不能單純活著，一定要創造些什麼才行，如此一來，從實用性觀點來看，很多人都沒有生存的價值。他認為的實用價值屬於經濟性的價值，但他並不知道這其實根本沒有意義。不只這個犯人，有很多人都不知道。

實際上，有很多人認為，有錢就能變幸福。之前提到過，結婚的時候一定會在意對方的年收入。然而，應該有很多人都知道，並不是和年收入多的人結婚就能得到幸福。

儘管金錢很實用，還是有人因為不知道正確使用方法而變得墮落，即便擁有大量金錢，也不知道什麼時候會失去。大家應該都聽過碰到天災馬上就失去財產的案例吧。只要不是堅信自己絕對不會遭逢災禍的人，碰到意外應該都知道要身無長物地逃脫吧。畢竟意外發生時，根本沒有餘裕讓你去拿錢包。

死亡之際也不需要錢。這一點應該大家都心知肚明，但是一想到有錢的話就能接受保險不適用的手術，也能服用昂貴的藥物，這樣一定能得救，所以也有人會為了這種碰到萬一的狀況而存錢。然而，無論是多有名的醫師執刀，都有可能會失敗，就算有能治療的藥物，人也可能在服用高價藥物之前就死了。

除此之外，還有人只會用實用性的觀點看待時間。這樣的人認為必須盡量有效率地完成工作。然而，這麼一來無法創造出實用性的時間就會失去意義。

教育也很花時間。有很多人甚至認為花在教育上的時間也必須有效率才行。應該也有人認為正在為考試衝刺的時間，怎麼能拿去讀閒書吧。

然而，為了創造真正有價值的東西，需要耗費大量時間。真正有價值的東西不見得與實用性相關。即便是認同教育孩子需要花時間的人，也只不過是認為：如果孩子未來能創造出什麼有用的東西，就值得花錢、花時間。

如此一來，孩子若沒有按照父母的期待，度過具有實用性的人生，那父母是不是就會把孩子當作沒有價值的東西丟棄呢？

活著本身就很有價值

現在這個時代，認為實用性才有價值。也就是說，人的價值是透過能做什麼判斷。

因此，能工作的人有價值，但是因為疾病、高齡、身心障礙而無法工作的人就毫無價值。這和殺害身心障礙者的犯人論調一樣。

另外，也有人認為不結婚或者結婚不生小孩的人，在生產性上沒有價值。甚至有人認為，因為要照顧小孩或老人而離職的人也沒有價值。

然而，如果無法掙脫很多人都認同的「生產性才有價值」的觀念，就很難瞭解自己有價值。

人類的價值就是活著。

沒有人能剝奪另一個人活著的權力。

為了讓這個社會運轉，的確需要工作。然而，能不能工作和人類的價值本來就一點關係也沒有。工作本來就是交給能做的人、在能工作的時間內完成的事情，僅此而已。

我年輕時，曾經每週在某個精神科診所工作一天，該診所有六十人接受回歸社會計畫內的日托服務，我上班的那天是安排大家一起做菜。

早上工作人員會公布當天要做的料理，然後才去採買，但去採買的人很少，每次都大概只有五個人。回到診所之後，大家一起做菜，會幫忙的也只有十五個人左右，其他人不會動手幫忙，什麼都不做就這樣耗時間。終於到了中午，通知飯菜已經做好之後，不知道哪裡冒出來病患一一聚集，然後大家一起吃午餐。

然而，在這個診所，不會有人去責備那些不幫忙的人。因為大家都有默契，知道自己今天身體狀況不錯可以幫忙，但是明天說不定就因為不舒服而沒辦法幫忙，屆時希望大家能包涵，沒有人會像一般社會大眾一樣說「不工作的人就不應該吃飯」。我認為這個診所就是工作的人和不工作的人，都能共存的健全社會縮影。

「能夠」做什麼並沒有特殊意義，就算什麼都不做，光是活著本身就有價值，活著就對他人有貢獻。

阿德勒曾經這樣說：

「只有在我的行動對社會共同體有益時，我才會覺得自己有價值。」（Adler Speaks）

如果是正在工作的人，能夠透過工作對自己所處的共同體產生益處。若此時覺得自己有價值，應該就能感受到自己對共同體有所貢獻。而且，只要認為自己並非一無是處，而是有用的，就會覺得自己有價值。

然而，「有用」並不局限於行動。應該是說，不能僅限於行動。為什麼要刻意強調存在、活著，而不是行動呢？因為有助益的行動對社會的確是必需品，但強調行動的助益，最後一定會連結到「人必須特別優秀」。

另外，工作也是阿德勒所說的「行動」，但若只有工作才對社會共同體有助益，那無法工作的人對社會共同體來說就是無用的存在了。

很多人在畢業上班後，為了薪資而工作。工作獲得報酬是理所當然的事，但是為了賺錢而工作一旦成為目標，人就會為工作而活。事實上不是這樣的，人是為了活著才工作。而且這裡說的活著，是要幸福的活著。工作可以存到錢，但如果每天的生活都很辛苦，一點也不幸福的話，就不是正確的工作方式。

如同前文提到的，從學問到活著這件事都被經濟支配，甚至被毒害，最後只會匆匆過一生。很多人認為這種生存方式理所當然。

老實說，我認為這種被實用性支配的生存方式根本就是病態。從生產性的觀點來看毫無價值，所以殺害身心障礙者的事件，背後反應著認為實用性才有價值的看法。

不工作也無所謂

人的確能夠透過工作貢獻社會。然而，如前文所述，工作並不是因為具有生產性的價值而存在。所以，即便因生病、衰老導致無法工作，也不會降低自己的價值。

家人和親近的朋友生病時，的確會希望對方早日康復，但是在那之前應該有很多人會覺得對方還活著就已經很感恩才對。病患還活著就已經可喜可賀，光是活著就是對他人的貢獻。

我自己病倒，躺在病床上動彈不得的時候，剛開始完全沒想到自己光是活著就已經算是有貢獻。可見得我當時也被「工作才有價值」的常識束縛。

然而，我轉念一想，如果病倒的人不是我，而是家人或好友，我會怎麼做？我一定會驚慌失措地趕到醫院吧。如果家人或好友的狀況比想像中好，我應該會很高興，就算對方病重失去意識，只要活著我一定會覺得慶幸，所以我把這樣的想法套用在自己身上。

我被送上救護車的時候，覺得很絕望，心想難道人就是這樣莫名其妙地死去嗎？幸好治療奏效，我僥倖免於一死。當時，一定有人為這件事感到欣喜，這也讓我想到，活著就是對他人的一種貢獻。

最後我終於能在病床上起身，能起身之後，只要身體狀況許可，我就想像住院前那樣寫稿。借用里爾克寫給年輕詩人的信來說，我真的沒辦法停止寫作。

我對醫師說：「接下來無論病況多差，即使沒辦法踏出房門一步，我也希望至少能恢復到足以在家中寫作的程度。」醫師說，如果狀況真的很差的話，會連從床上起身都有困難。

看我變得更有精神之後，醫師說：

「你就寫本書吧，畢竟書會留下來。」

醫師之所以這麼說，應該不是因為寫書站在生產性的觀點來看屬於有用處的行為。他的意思是貢獻很重要，如果出院後繼續寫作，也就是繼續工作，能讓我有貢獻感，那就去做吧。

之前在急診室裡的我，就連翻身都沒辦法自己來，一定要護理師幫忙。我不是明明可以自己翻身，但被禁止翻身，而是我真的動不了。在那個狀態下，不要說讀書了，連聽音樂都有困難。然而，臥床不起的我雖然沒有價值，但也不代表恢復到可以寫作的狀態，就能再度找回自己臥床不起時失去的價值。因為無論在什麼狀態下，自己都是有價值的。

即便不是因為生病，也有可能為了照顧孩子或雙親而無法在外工作。這種時候，人也不會因為無法工作而失去自己的價值。

無論是有工作還是沒工作的人，兩者之間的共通點就是活著，光是活著就對他人有所貢獻——當人能感受到這一點的時候，就會發現自己是有價值的。

如果工作無法為你帶來貢獻感，即便獲得高薪，我也只能說這種工作方式有問題。

顯而易見的是，人不能為工作而活。我以前曾到某公司的幹部研習演講，所謂的研習，並不是每個人都是想演講才來的。只要時間一到，不管願不願意都必須聽講。而且，如果是要過夜的研習，就必須接連幾天參與大量的課程。

大多數的人都百無聊賴地聽著我演講，但在我談到某個話題的時候，大家突然非常熱中，還有人開始探出身子聽，讓我嚇了一跳。

我當時談的是：

「人不是為工作而活，而是為了活著才工作。」

如同之前提到的，三木清說存在本身即是幸福。他的意思是，就算沒有完成什麼，現在人就「已經」很幸福了。即便沒有完成什麼特別的事情，現在還活著就「已經」很幸福。因此，這裡的「活著」就是指「幸福地活著」的意思。

如此一來，人就不是為工作而活，而是為了幸福地活著而工作。不過，無論有沒有工作，人本來就「已經」很幸福，所以嚴格來說，也不能算是為了「幸福地」活著才工作。工作本身應該就代表幸福才對。

聽我演講的人，一定從年輕時就一直為公司賣命，以成功為目標，而不是以幸福為目標。他們或許因為這樣獲得高薪和地位，然而，我想他們應該沒有感受到幸福。

當我說人不是為工作而活的時候，有很多人反彈。因為不工作就沒飯吃啊！雖說不呼吸就無法活下去，但人絕對不是為了呼吸才活著吧？

工作本身並非目的，人的目的在於幸福。既然如此，明明有工作卻不幸福，這就很奇怪了。因為人生中沒有什麼事情是犧牲幸福也要完成的啊。

幸福就在當下

三木清說幸福與存在相關，而成功與過程相關。幸福是就算什麼都沒有達成，也能在「當下」擁有的東西。

從年輕時就想著要成功的人，終有一天會什麼都做不了。即便是年輕人，也隨時可能因為生病而無法工作。

罹患失智症的父親某天說：「怎麼想都覺得接下來的人生比較短。」父親說得沒錯，但我連沒錯兩個字都說不出口，只是一陣沉默。不過，後來我和父親待在一起的時候，才想到我以前完全沒有思考過往後的人生。

我想說的是，譬如這種時候：父親起床時，總是坐在同一把椅子上。父親從他坐的地方能看見庭院裡的樹木。春天時，偶爾會有棕耳鵯來吃山茶花的花蜜。每次棕耳鵯來吃花蜜的時候，父親都笑得很大聲。

聽到父親的笑聲，在場的家人都能感受到父親的喜悅。共享這份喜悅的瞬間，不在過去也不在未來。這和看到孩子的笑容，大人也會笑出來是一樣的情形。

阿德勒說，喜悅是「人與人連結的情感波動」，笑容則是喜悅的關鍵（《人格心理學》）。只要有人笑，那份喜悅就會傳給其他人，大家會和笑出聲的人成為一體。

只要能和年邁的父母這樣度過一段時光，就會知道即便父母已經不能像年輕時那樣做很多事，那也和現在與父母一起活著毫無關係。人類的價值不是取決於行動，而是取決於存在本身，就是指這個意思。

或許會有人覺得這種枝微末節的體驗毫無價值，然而，當時我的家人們的確都很幸福。在達成某個目標的時候，人感受到的不是幸福，而是成功的喜悅。即便什麼都不做，當下的經歷就已經是幸福。

三木清在《人生論筆記》中，把幸福和成功拿來比較，但嚴格來說，幸福才是終極目標，成功只是幸福的手段而已。儘管如此，還是有很多人把目標放在成功，而且為了成功不惜犧牲眼前的幸福。

明明孩子才剛出生，卻有公司會派新手爸爸去外地工作。為了維持生活，有很多人會遵從不合理的命令，但是沒能看到孩子的成長，實在是一件很不幸的事。

現在這個時代，老後的人生只能靠自己，一想到往後的人生就覺得很不安。

即便如此，為了將來而犧牲現在的活著的喜悅和幸福，本來就很奇怪。為了成功而活、為了將來做準備的人，只把目光放在未來。但是，現在不活的話，究竟要什麼時候活呢？即便以後不能功成名就（是說也沒人保證以後一定會成功），仍然能獲得當下的微小幸福，這不就是活著的意義嗎？

第五章

忘了死亡也無所謂

人生は苦である、でも死んではいけない

不知道自己會在什麼時候、以什麼方式死去的恐懼

為什麼人會害怕死亡呢？害怕死亡的原因有很多種。首先是不知道自己什麼時候會死，再來就是自己無法決定怎麼死，有些人會覺得這樣很可怕。因為死無法自己掌控，所以覺得害怕。

因為這樣害怕死亡的人，會試圖掌控死亡。伊坂幸太郎的小說中，有一個登場人物在談到手槍的時候這樣說：「人往往會覺得能夠自己控制的東西比較安心。」（《死神的浮力》）

認為自己駕駛的汽車比飛機安全，也是人試圖掌控死亡的例子。汽車經常發生事故，相對而言，飛機失事的機率並不像汽車那麼高。

「儘管如此，人類還是覺得自己駕駛的汽車比飛機安全。你知道這是為什麼嗎？」

「因為人可以自己掌控汽車。」

然而，這只是人自以為能掌控而已。如果實際上手邊有槍，而心中又突然出

現想死的念頭，人對自己開槍的機率一定比手邊沒有槍的時候更高。

因為自己無法控制死亡而自殺，根本就是本末倒置。

想控制死亡的理由有很多，其中一個就是因病而陷入痛苦的人想自我了結，或者以安樂死的形式試圖盡早脫離苦海。

又或者現在精神很好，但身體不得動彈、臥床不起，很多人會因為怕給家人添麻煩，想趁精神好的時候一死了之。然而，即便有這種想法，實際上還是沒有人知道最後會如何面對人生的尾聲。

因為想控制死亡而主動選擇一死還有另一個問題，就是必定會牽連到別人，而不是單純自己死亡。這不只會發生在他人下決定的時候，安樂死也會碰到一樣的問題。

佛洛伊德晚年因為癌症而痛苦不堪，尤其到了晚上更難受。最後的日子，他都在書齋眺望庭院。佛洛伊德很早之前就希望能安樂死，他曾說：「去和安娜談一談吧。如果她同意，請讓我安樂死。」「我不希望病程拉長，身體變得慘不忍睹、渾身無力。」

他的女兒安娜是精神分析師。安娜也很煩惱。想要一直拖延父親最後嚥氣的那一刻。然而，主治醫師馬克思．修魯以「繼續延長壽命也沒有意義」說服了安娜。佛洛伊德在注射嗎啡之後安詳睡去，兩天之後就離世了。（彼得．蓋伊〔Peter Gay〕《弗洛伊德傳：第二冊》）

當我在思考如果自己處於這種無盡的痛苦之中會怎麼做的時候，很難批判佛洛伊德的決定。

然而，本人選擇死亡可以從痛苦之中解脫，但留下來的家人接下來一定會很難受。安娜因為同意父親安樂死這件事，之後一直都無法擺脫罪惡感。

儘管她理解父親的想法，而且是父親自己提出不想延續壽命，但是選擇不使用人工呼吸器等救治措施的家人，一輩子都必須面對「當初的決定是否正確」這個問題。

菲利普．米爾頓．羅斯（Philip Milton Roth）《父親的遺產》一書中，兒子羅斯負責照顧罹患腦瘤的父親。

羅斯面臨必須決定是否要繼續使用人工呼吸器的時候，他不知道該怎麼辦。如果拒絕插管，父親就能不再受苦。但是，該怎麼說ＮＯ？

「為什麼是我來決定要不要結束父親的生命？結束我們只能體會一次的

生命？」

羅斯想到今後一定會面臨的悲慘結局，覺得自己洞悉了一切。

「儘管如此，我也只能一直坐在那裡，直到能說出那句話為止。我彎下身體，盡量靠近父親，在他凹陷、無神的臉上留下一吻，最後才終於能輕聲說——"Dad, I'm going to have to let you go."（爸爸，我只能讓你走了）。」

正當我把羅斯這一段小說抄寫在日記上的時候，父親入住的照護設施聯絡我，因為突發疾病要把父親送到醫院去。父親從傍晚開始就意識低迷。我急忙在深夜趕到醫院。

值班的醫師問我要不要開始維生治療。難道父親的狀況已經差到讓醫師來問我這個問題了嗎？我當下覺得心煩意亂。我和父親從來沒有聊過要不要維生治療這件事，所以我的立場比羅斯更為難。因為我必須自己判斷。

我對醫師說：「我希望你能幫助他恢復安穩。」我本來以為那天應該沒辦法回家，但是院方很快就決定安排父親住院，狀況也變得比較平穩，所以早上能夠回家一趟。

我想起羅斯對父親的低語。我想我應該會這樣說：

"Dad, I can't let you go."（爸爸，我不能讓你走。）

然而，仔細想想，即便是有血緣的孩子，也不應該決定父母的最後一段路。因為孩子畢竟不是父母本人。

我父親因為罹患失智症，所以無法自行決定要不要插管延續壽命，也無法告訴孩子自己的意願。因此，我和安娜・佛洛伊德不一樣，不知道該怎麼辦才好。

父親住院後雖然脫離死亡危機，但沒有恢復到能夠回到照護設施的地步。某天，醫師來問我要不要插胃造瘻口管。醫師也說明，如果插胃造瘻口管，或許能多活幾年，但家人可能會感到痛苦。

醫師提到胃造瘻口管的時候，父親的精神狀態很差，所以我問醫師：像現在這樣不穩定的狀態，就算插管是不是也可能會脫落？醫師回答，會投藥降低患者清醒程度，所以不至於發生脫落的情形。父親並不是什麼都吃不下，零食等喜歡的東西還是能吃，但主食則是會全部吐出來。因此，如果不用胃造瘻口管延續生命，就無法攝取充足的營養，最後會衰弱致死。

母親生病的時候，醫師沒有來問我要不要選擇維生治療。心跳一停止，馬上就開始心臟按摩，吩咐家屬都離開病房，可能是認為不能讓家屬看到足以壓斷肋骨的粗暴治療過程，才要求家屬離開，但我拒絕了。醫師的治療奏效，母親恢復生機。看到這一幕，除了我以外的家屬都回家了。母親直到隔天才真的斷氣。

根據當時的經驗，心臟按摩並沒有讓母親恢復安穩，但胃造廔口管或許能幫助父親。

我之所以這麼想，可能也不是為了父親。如果拒絕插管治療，就變成我決定父親的死亡，而我很害怕這一點。

我是真的很希望胃造廔口管能讓父親多少延長一點壽命，即便失去意識，也和停止呼吸差很多。照顧母親的時候，我只有週末離開醫院，家人會在週末來陪伴母親。平常一直和母親在一起的時候完全不會感到不安，但週末結束的早晨，回到病房的時候就覺得很可怕。我很怕自己不在的時候，發生什麼不好的事，然而，這份不安在我進入病房，聽到母親的呼吸聲時就消失了。

父親很快在插胃造廔口管前就過世了。如果為了延長壽命而真的插管，父親會原諒我嗎？至今我都不知道答案。

即便本人趁精神狀況好的時候表明不想接受維生治療，實際上在面臨死亡時也有可能改變想法。

有人趁自己身體狀況好的時候，交代家人不要進行維生治療。家人雖然被患者這樣要求，但真的碰到父母必須使用人工呼吸器才能存活的狀態時，還是沒辦法因為父母交代要放棄維生治療而拒絕醫師救治。

雖然違反了父母的意願，但家人還是決定要裝人工呼吸器。人工呼吸器的管線必須定期更換以免感染，為了換新而拔出管線，雖然只是數十秒的時間，患者馬上就會感到非常痛苦。本來說要拒絕維生治療的人，用手勢催促護理師趕快換上。

如果是這樣的情形，家人應該就會認為父母的想法已經和精神好的時候不一樣，變得想要活下去，也會慶幸當初還好沒有按照父母的意思拒絕治療。

問題是，像我父親這樣，健康的時候並沒有告訴家人如果碰到需要維生治療的狀況該怎麼辦，家人就必須幫父母做決定。

需要維生治療的時候，如前文所述，父母仍然是他人，孩子本來就不能代替父母做決定。然而，實際上很多時候都必須由子女或親戚做決定。

我認為，這種時候只能用「活著是絕對的善」來判斷。完全不考量有人會想死的狀況，即便世界上還是有那種認為自己無法在當下生存的人也一樣。

如同前一章提到的，人類光是存在、活著就有價值。活著不需要任何條件。因為疾病或高齡，身體變得動彈不得、想不起最近發生的事，難道就沒有活著的價值，只能一死嗎？截至目前為止，我一直強調並非如此。

前文提到的那則大量殺害身心障礙者的案件，讓我最擔心的是，犯人是因為這個人什麼都做不了，所以判斷接受維生治療也沒有意義。需不需要維生治療的基準是由個人任意判斷的。如果法律規定，是否需要維生治療不是考量個案狀況判斷，而是統一為只要無法溝通就不進行治療，那麼判斷基準就不再是任意的，而是連患者本人和家屬都沒有思考的餘裕。但是，明明人就必須活著啊。

殺害很多人的犯罪者如果自己也受傷，醫師還是必須拚命救治犯人。這並不是因為犯人一旦死亡就無法得知犯案動機等搜查上的原因，才選擇救治犯人，而是因為無論是誰都必須生存下去。醫師經常會陷入為什麼要救治殺人犯的矛盾中，當然，醫師不可能怠忽職守，但不想救治犯人就等於對犯人動用私刑（Lynch）。刑法就是為了禁止私刑才存在的法律。該如何對待犯人，只能交由法律裁定。

也就是說，無論是什麼樣的人都可以接受治療。同時出現很多傷者的時候，即使需要排定治療的優先順序，也會因為任何人都有平等的生存價值，只考慮救治效果進行治療，而非靠社會屬性判定（即便患者是犯罪者也一樣）。

正因為從人格的角度看待負傷者，即便是犯罪者也必須救他一命。進行診療時，犯人不是犯人，而是必須以人類、個人的角度看待。

回到原本的話題，認為「活著屬於絕對的善」這件事，就等於不去思考誰比誰的生命更有價值。

腦死這個概念是為了器官移植而打造出來的。接受器官移植的患者和家屬，不會知道是由誰提供器官，但即便不是刻意，也會處於等待某個人死亡的狀況之中。

維生治療的時候也會發生相同的事。家屬一旦決定不要讓父母接受維生治療，就等於是在等待某個人也就是雙親的死亡。雖然不是自己下手，但是心裡就會一直出現當初如果沒有做這個決定，父母是不是就能活久一點的想法。

當然，沒有人會想等著父母死亡，但是家屬如果拒絕維生治療的話，父母就會死，我認為父母絕對不會因此開心。

在面臨是否選擇維生治療的問題之前，只要不是病況明顯好轉，應該每個人都曾在躺在病床上的父母面前想著，這個狀態還要持續多久吧？尤其是當家屬疲於照顧病患的時候，更會去想這種狀態要持續多久。

我照顧母親的時候也是如此，就算每天在病床邊十八個小時什麼都不做，也會因為什麼都不做而感到痛苦。每天都覺得很累，甚至覺得如果這種狀態再持續一個禮拜，我可能會比母親還早死。母親很快就過世了，因此，我在母親死後，經常冒出如果當初沒有這麼想，她是不是就能活久一點了。

照顧、照護病患就是後悔的集大成，包含維生治療在內，家屬都想盡心盡力。周遭的人推測父母如此痛苦，應該會希望一死了之，所以決定中止維生治療，但或許這只是一廂情願的想法而已。就連病患本人都不知道，需要維生治療的時候自己會怎麼想，家屬就更不知道了。

我認為人無論在什麼狀況之下，都會「想要活下去」。

放火殺人的犯人，自己全身燙傷的時候，還是會想要被救治；原本打算在殺了家人之後自殺的人，最後沒有死成。聽過這些案例就知道，人的求生欲望非常強烈。

杜斯妥也夫斯基以自己在執行死刑前逃過一劫的經驗撰寫的小說中，讓主角梅什金公爵說出這一段話：「比起身負喉嚨被切開那樣瀕死的重傷，仍然覺得自己可能獲救的人，被宣告死亡的人更加痛苦。」（《白癡》）

被救護車送到醫院，醫師宣告我心肌梗塞的時候，雖然想著難道人就是這樣莫名其妙地死去嗎？但又覺得自己可能會獲救。因為那一點微小的希望，我才能撐過完成手術、醫師告訴我要住院一個月前的那段時間。

想到這一點，我就覺得不應該去推測父母是不是想一死了之。

如果家屬說父母不想進行維生治療，那就只是家屬不願意而已（話雖如此，也不是所有家屬都有相同想法），不能說是父母不願意治療。為什麼會用「父母希望終止維生治療」這種說法，是因為家屬無法決定中止治療，所以才會說是父母希望這麼做。

我認為如果家屬想終止父母的維生治療，那責任就在醫療人員的身上了，因為目前的治療或照護方式，讓家屬覺得不忍讓父母繼續受折磨。

無論家屬得知病患的狀況有多糟，都會抱著病情一定會好轉的心情。然而，親眼目睹父母漸漸衰弱的樣子，希望就會隨著日子漸漸破滅。

儘管如此，如果看到醫師和護士在這個時候仍然努力診治，就算不知道明天會怎麼樣，家屬看到醫護人員拚命讓父母舒適地度過一天，就不會說出想終止維生治療的話了吧。

如果是父母再也無法忍受持續不斷的激烈痛楚或者有信仰上的理由，拒絕維生治療，那家屬就必須尊重父母的意願。

然而，病患明明想活下去，卻因為不想為家人帶來困擾而拒絕維生治療，那就太令人悲傷了。因為對患者本人和家人來說，維生治療的痛苦並不是真正的痛苦來源。

父母在能自行判斷是否接受維生治療之前就病倒時，家屬該如何抉擇的確很兩難。如果能接受維生治療，家屬代替父母決定接受治療是一種方式，雖然實際上不清楚父母是否想接受維生治療，但大前提肯定是父母不想死。

以家屬的角度來說，這樣可以避免拒絕或中斷維生治療產生的後悔。

最好的狀況，是在實際需要維生治療之前就先和父母討論好。此時，如果父母強烈表明不願意接受維生治療，那家屬就很難違抗父母的意願做出進行維生治療的決定。不過我還是希望大家能夠在父母病倒之前建立好信任關係，如此一來，即便子女代替父母決定接受維生治療也能獲得諒解。

因此，我才說人類的價值就是活著。平常就要告訴父母，即便因為病倒而什麼都做不了，也不會給家人添麻煩。

家人必須把人類的價值當成自己的問題認真思考，而不是當成父母的問題思考。看著什麼都不能做、失去意識躺在病床上的父母時，心裡一定會很疑惑，在這樣的狀態下，人活著真的有意義嗎？只要自己確信活著絕對有價值，無論父母陷入什麼狀態，都不會認為放手讓父母歸西比較好。

另一方面，即便是父母健康時也認同拒絕維生治療的家屬，實際上看到父母的病容之後，或許還是會想讓父母接受維生治療。既然家屬都會有所動搖，那身體健康時拒絕維生治療的父母，在失去意識、無法表達的時候，也有可能改變想法。

我認為儘管當初不願意接受維生治療的父母，在透過某種形式知道家屬違反自己的意願請醫師治療時，應該也能理解家人的想法，並且信任家人的判斷。

我剛才提到，如果家屬提出想中斷維生治療，責任就在醫療人員身上，不過家屬也一樣有責任。不能讓父母覺得自己不該繼續活下去，家人不應該讓父母擔心是否會帶來麻煩。

父母之所以會覺得自己麻煩家人，是因為前一章提到的「只用生產性和實用性判斷價值」的思考根深柢固。活著本身就有價值，活著就是對家人的貢獻，這一點從平常就要傳達給父母才對。

父母也想要覺得自己活著就對家人有貢獻。能夠這麼想，就是父母自己能做到的面對死亡的準備。

未知的事情不見得恐怖

有人會因為不瞭解死亡而害怕死亡。然而，覺得死亡可怕，應該就是知道死亡是怎麼回事才會覺得可怕吧。如果連死亡是怎麼回事都不知道，應該就沒辦法害怕才對。

人之所以懼怕死亡，是因為明明不瞭解卻自以為瞭解。害怕未知的事情，仔細想想不是很奇怪嗎？就像柏拉圖對蘇格拉底說的，死有可能是最美好的事情。（柏拉圖《蘇格拉底的申辯》）

也就是說，人不能判定死亡是可怕還是美好的東西，因為死亡有可能是一件美好的事情，我們無法排除這種可能性。

有人會把人生比喻為一趟旅程。人生的確和旅行有共通點，其中一個共通點就是，兩者都有目的地。然而，如前文所述，人不是為了死而活著，死亡雖然是終點，但不是目的地。沒有人會把死亡當作「目的地」。

另外一個共通點則是儘管最後會走向死亡，但是人生和旅程一樣，比起到達目的地，旅行的過程更加重要。

而且，沒有人知道過程中會發生什麼事，畢竟人生不是有腳本的一場戲。這樣不知道會發生什麼的人生，借用三木清的話來說，真的就是「奔向未知的漂泊」（《人生論筆記》），那些漂泊不見得都是可怕的經驗。

旅行的過程本身最重要，每一刻如何生存，只有自己才能在每個瞬間決定。或者是說，可以自己做決定。即便在距離目的地還很遠的地方就碰到終結人生旅程的大事，也不代表旅程會在途中結束。因為即便決定了目的地，也不一定要抵達。

正因為不知道在旅程中會有什麼等著自己，才能感受到漂泊的情緒與遙遠。外出旅行的時候，無論去哪裡都會覺得遙遠。不知道接下來要去的是什麼樣的地方時，心中那股無以名狀的情緒就是所謂的漂泊感，這和人活著的情感是一樣的。

然而，這樣的漂泊不一定代表不安、無依無靠。決定好去處的旅行，和長距離通勤沒什麼不同。如果以之前的用語來形容，這樣的旅行就是Kinesis（運動），必須盡量有效率地抵達目的地。由於前往目的地的這段期間不算是旅行，所以可能就連窗外景色都無法好好欣賞。

另一方面，漂泊就是沒決定好要去哪裡，也不需要著急，即便碰到意料之外的狀況，必須長時間待在列車裡，或者被迫在途中下車，只要是在旅程中就不會感到焦躁。

因為每一刻都是旅行，就算沒辦法抵達當初訂好的地點，也不會毀了這趟旅程。

因為不知道旅程中會發生什麼事，儘管會感到不安，但無論碰到什麼樣的狀況，都會覺得碰到這些事情，反倒讓旅行變得更愉快。

儘管害怕死亡

另外，在思考死亡的時候，必須瞭解別人的死亡和自己的死亡意義不同。

他人的死亡代表「不在」，亡者會從我們面前消失。在這個層面的意義上，就像是好幾年都不會見到外出旅行的友人。唯一不同的是，如果朋友還活著，只要結束旅程回來，還有可能再見面，而死去的朋友將永遠不在。

然而，儘管亡者離開，世界也不會就此消失。另一方面，自己的死就是歸為虛無。我的死對他人來說只是不在，對我自己來說則是消亡，我生存過的世界也會消失。

他人的死是「不在」，自己的死則是「歸為虛無」，這是兩者之間關鍵性的差異。

人活著的時候，無法經歷自己的死亡，只能從他人的死來想像死亡的樣貌。那些想像應該完全無法套用到自己死亡的時候吧。

「彼岸應該是個好地方，因為去過的人都沒回來啊！」

這是高山文彥小說作品中的一句話（《為父親送終》），這句話表示人可以透過已經不在的他人的死推測死亡是怎麼回事，但終究無法從「不在的死亡」理解「歸為虛無的死亡」。

死亡不一定是一碰到就必須逃跑的可怕之物。然而，無論有沒有把死亡當成可怕的東西，都表示人明明不瞭解死亡，卻自以為瞭解。

接受他人的死亡

截至目前為止，我們思考了關於自己的死亡，那麼他人的死亡我們該如何看待、如何接受呢？

死絕對不是生的延續，而是絕對的斷絕，我們只能從已知的事情想像死亡。另外，我們也無法讓死變得無效。即便如此，他人的死也不會歸為虛無，我們可以想像他人會以某種形式留下來，或者從此生移轉到其他人生，就像還活著一樣。

無法接受家人死亡的人，真的會去想像那個人沒有死。當然，就家屬的立場來說，或許可以透過這種想像療癒死亡的悲傷。

讓死亡變得無效，也可以說是隱藏死亡。我父親在醫院過世時，遺體被移到其他住院患者看不到的地方，當然，這是必要的處置，不過我認為現代社會經常像這樣隱藏死亡。譬如當地人反對建設火葬場，或者用磚牆擋住從葬儀場搬出棺木的場面。

然而，我們不能逃避死亡，而是要去面對。

有一位名叫喬達彌的母親，因為失去剛學會走路的年幼兒子而悲傷至極，釋迦牟尼要她去找一戶從來沒辦過喪事的人家施捨白芥子的種籽。母親這才領悟，世界上沒有這種人家，每一戶人家都會碰上死亡。這位母親就這樣接受了孩子的死。

不對死亡做出好壞等價值判斷，是接受死亡最重要的條件。我們不知道死亡究竟可不可怕。無論死亡是怎麼回事，都代表離別，的確是很令人悲傷。然而，如同疾病和衰老，死亡和生存一樣都是一種變化，不需要用好壞來判斷價值。

馬可．奧里略這樣說：

「死亡和出生一樣都屬於大自然的神秘。」（《沉思錄》）

死亡和出生一樣，都是宇宙中會發生的自然現象，只要這樣想就不會為生死感到哀傷，也不會害怕死亡。

前來心理諮詢的人當中，有一個人認為自己的家人死得非常悽慘，我勸他坦率接受他認為悽慘的部分。

我不會說「別為死亡感到悲傷」這種的話，也不會鼓勵別人要為死去的亡者努力振作起來。因為死亡就是離別，不可能不悲傷。他人的死不會就這樣結束，因為亡者活著的時候就和還活著的人有深刻的連結。從這個層面的意義來看，他人的死亡只是「不在」而已。也就是說，亡者並不是去了某個地方旅行，所以不會有「剛開始或許會覺得寂寞，但最後還是能克服」的情形。畢竟他人的死亡就等於喪失自己的一部分，因此，失去和他人之間以某種形式連接的自我世界，痛苦的感受會非常強烈，也會感到深沉的悲傷。

我和失去至親的人對話時，只能沉浸在死亡的悲傷之中。母親過世時，我根本哭不出來，明明很悲傷，卻流不出眼淚。之後父親才告訴我，當時我和母親的遺體一起從醫院回家時，父親看到我憔悴的樣子，很怕我是不是會跟在母親之後赴黃泉。儘管如此，我當時還是沒有哭，因為我一直認為自己必須堅強，但現在想想，就算我在別人面前嚎啕大哭，甚至拒絕出席葬禮也不會有人怪我。

我也會建議家屬整理亡者留下來的遺物，因為每天的生活造就了現在的人生，並不是非得要完成什麼大事人生才有意義，所以我希望孩子能知道自己的「存在」對父母是多麼大的貢獻。

我母親的弟弟，也就是我的舅舅，很年輕就過世了。舅舅過世之後，母親曾對我說：「那孩子沒結婚就走了，當時不知道有沒有交往的對象。」

母親應該是覺得舅舅如果再多活一段時間，或許就能結婚生子，但舅舅太早離世，沒能擁有這些經歷，所以讓母親覺得遺憾。的確，如果用 Kinesis（運動）的角度看待人生，年紀輕輕就亡故的人，等於壯志未酬就在半途死去，但若從 Energeia（活動）的角度看待人生，每個瞬間都是生命的完結，無論什麼時候死去，都不算是沒完成目標。

不單看人生的尾聲也很重要，對家屬來說，以什麼樣的形式迎接人生的尾聲的確難以忘懷，但那並不是人生的全部。

被海嘯襲擊時，明明想要一直牽著手，卻因為用盡力氣而放開了。平常都在二樓房間睡覺的孩子，因為讀書太累在一樓客廳的暖桌打瞌睡，父母有看到但是沒有叫醒他，隔天早上發生地震，那個在一樓的孩子被壓死了。如果發生這樣的事情，父母一定會無盡地後悔。

儘管如此，我認為亡者也不會責怪家人。如果你站在亡者的立場，會因為對方撐不住放開手而責備、怨恨對方嗎？難道不會認為「雖然自己沒有獲救，但幸好你活下來了」嗎？那天碰巧父母沒有叫醒孩子，但地震本來就無法預測。兩種情況都屬於不可抗力啊。

「忘了我也沒關係」

失去摯愛之人之後，人生就停擺了。然而，儘管再怎麼悲傷，留下來的人也不能從此人生停擺、一蹶不振。還是要回歸日常生活才行。

為了回歸日常生活，我們就必須忘記亡者。往者剛去世的時候，大家都會一直記得，但是隨著歲月流逝，當初每天都因悲傷而哭泣的人，不知不覺中也不會太常想起亡者了。

某天，自己會發現已經完全不會想起亡者。很多人會在夢中見到亡者，但人之所以會做這種夢，是因為自己覺得和亡者之間的關係還沒有結束。然而，這種夢也會漸漸消失。

重松清的小說中，有一段妻子罹患癌症去世的情節。（〈在那天之後〉）她拜託護理師在自己死之後，把一封信交給丈夫。妻子死後，那封信到了丈夫手上。信上是這樣寫的：

「忘了我也沒關係。」

儘管如此，還是會有人一直忘不了亡者吧。尤其是孩子年紀輕輕就過世，父母深沉的悲痛更不容易恢復。

然而，我認為還活著的人總有一天還是必須忘記亡者。

當然，死亡代表離別，不可能不悲傷。但是，倘若亡者能夠窺探生者的生活，得知對方一直悲慟，無法好好吃飯、睡覺、工作，一定會很難過。如果能看到對方比以前恢復一點精神，反而會比較開心才對。

父親罹患失智症之後，已經想不起母親了。父親某次說：「忘記的話也是沒辦法的事啊。」然而，我之後才想起，他那句「沒辦法」，與其說是放棄，不如說是決定就算忘記，今後也要活下去。

因為意外事故或災害而失去家人或所愛之人，更難放掉過去。那樣的狀況本來就會令人無法忘懷，儘管如此，還是必須放下過去。

在東日本大地震時失去母親的人對我說：「我想趕快去母親身邊。」因為我在演講裡提到剛才引用的高山文彥小說的其中一句話：「彼岸應該是個好地方，因為去過的人都沒回來啊！」然而，我回答對方「不必著急，等這個世界的任務結束再去就好」。

生者最後應該會漸漸不再經常想起亡者，然而，有時候還是會突然想起來。突然想起那個人生前說的一句話，或者在夢中出現那個人的面容。這種時候回想起的亡者，和活著的時候一模一樣。絕對不會是浮現褪色的記憶，而是一回想起亡者就能夠感受到明顯的存在。

對懷念亡者的家屬來說，「亡者就活在我們心中」這句話的意義，的確如字面所示，亡者在死後，仍能為生者貢獻。

生不會因為死的狀態而改變

無論死亡是怎麼回事，都是我們無法避免必須面對的東西，也就是說，如果這就是阿德勒所說的課題，那麼基本上就必須以對待其他人生課題的態度對待死亡。

死後人會呈現什麼狀態不是問題。儘管不瞭解死亡是怎麼回事，不知道死亡會以什麼形式出現，生存方式也不應該因為死亡的狀態而產生改變。如果當死亡逼近時，人必須改變過去的生存方式，不就表示過去的生存方式有問題嗎？

拉丁文中有一句話叫做 memento mori，意指「持續思考死亡」、「勿忘你終有一死」。在思考「生」的時候，也必須思考「死」。

然而，這句話的意思並非要人活著的時候都要意識到死亡。人生之中，的確有些事情必須事先設想、做好準備，但唯有死亡是不需要事先設想的。因為人終須一死。既然死亡是確定的，人就不必先做準備，只要專心在今天能做的事情即可。

在前一章提到，如果能以 Energeia（活動）的觀點度過人生，不經意的一瞬間看起來也會不一樣。此時，人生就會超越時間，成為永恆。永恆並非時間的延長。而且，當人生永恆時，死亡是怎麼一回事就已經毫無意義了。

不要害怕死亡

伊比鳩魯說：

「死亡被當作是所有壞事當中最可怕的一個，但其實對我們來說，死亡什麼都不是。因為只要我們還存在，當下就沒有死亡，當死亡出現在當下的時候，我們也早就不存在了。」（《伊比鳩魯的見解與書信》）

在人還活著的時候，死亡對我來說就不存在。死亡的時候，我不存在。因此，根本不需要害怕死亡。乍看之下很像在玩文字遊戲，但若以之前所提到的事情為基礎，就能夠理解了。

死亡是未來發生的事情，而不是現在。若以Energeia（活動）的觀點生存，就不需要思考死亡。所以，人根本不需要害怕死亡。

只要現在過得滿足，就不需要思考今後的事情，為今天而活即可。反正人早晚有一天會迎來死亡，那就不需要在活著的時候為死亡煩惱了。

第六章

絕對不能死

人生は苦である、でも死んではいけない

前一章告訴懼怕死亡的人，只要活在當下就不需要害怕，但本章則是寫給那些認為唯有一死才能脫離苦海的人；認為自己毫無價值，活下去也沒有意義的人；不害怕死亡，甚至被死亡吸引的人。

人本來就會想要活下去。我想試著思考，那些身處於苦海之中，失去生存勇氣的人，該怎麼找回失去的勇氣。

越努力的人越煩惱

有人會因為對未來感到不安、難以生存，而覺得自己活著沒有意義也沒有價值。還有人對這個世界的不講理、荒謬感到憤怒但又無法抵抗，覺得充滿無力感，甚至因此走上絕路。

然而，人類本來就不是靠什麼條件而決定的存在。無論過去過著什麼樣的人生，或者現在遇到什麼不幸，這些過去和現在的狀況都無法定義自己。無論身處什麼困境，人都能靠自己的意志決定要做什麼。這就是人類的尊嚴。

即便現在覺得肚子很餓，眼前又只有一個麵包，如果有人比自己更需要這個麵包，人類能決定忍住不吃，選擇讓給別人。

當然，也有人不會忍讓，選擇自己吃掉。這樣的人也是預想到自己會被批評：為什麼那個時候沒有讓給別人？即便知道之後會被批評，還是判斷「現在」吃下肚才是為自己著想。

無論如何，人在相同的條件下，不一定會採取相同行動。肚子餓並不能決定人的行動。如同剛才看到的，人類不是只對外界刺激（這裡指的是肚子餓）有反應的存在（反應者、reactor），而是擁有自由意志的行為者（actor）。

認為自己已經無計可施，活著沒有意義，代表已經威脅到自己的尊嚴。然而，自己的尊嚴是不容挑戰的，即便挑戰的人是自己也不行。

活著的確很苦，歌德說：「人類越努力就越煩惱。」正因為認真活著，煩惱才會更加深刻。走投無路、煩惱、絕望，到死為止都在思考。

我希望各位想想，這個世界上有多少人不是渴求人生意義的大人物？

只想著追求成功，為了成功無論別人會怎麼看，都不厭其煩地說謊、做壞事。這樣的人沒有煩惱，也不會被良心苛責，活得逍遙自在。那為什麼你還要去死呢？

前文（第一章）提到三木清把人生比喻成在沙灘上撿貝殼。每個人都各自拿著一個小竹籃，在廣大的沙灘上努力撿貝殼，然後丟進竹籃裡。每個人撿貝殼的方式都不同。有人不自覺地就會伸手去撿，但也有人會刻意去撿；有些人習慣有氣無力地撿，但有些人開朗活潑地撿；有些人邊唱歌邊撿，也有些人邊哭邊撿；有人像在玩遊戲一樣，也有人撿得很認真。

然而，在某個機緣之下，檢查竹籃的時候，就會發現竹籃裡那些過去認為很美妙的貝殼一點也不美，原本以為是貝殼的東西，根本就不是貝殼。然而，此時沙灘另一頭發出巨大聲響的陰暗海洋大浪，將人瞬間捲進深沉的黑暗之中。

三木說有人能在其中「撿起只是短暫擁有，但能綻放永恆光輝的貝殼」，但是最後人還是會被大浪捲走面對死亡，所以即便撿到能永恆綻放光輝的貝殼也沒有意義。

不是也有一開始就決定不撿貝殼的人生嗎？即便大家都在追求成功，渴求人生的意義、一直追尋人生意義的大人物也會打從一開始都對成功抱持懷疑，根本不打算加入追求成功的遊戲。

現在的自己就很有價值

阿德勒這樣說：

「只有在覺得自己有價值的時候，才會產生勇氣。」（Adler Speaks）

前面已經看過（第四章）阿德勒所說的「有價值」被歸類為具有生產性會發生什麼問題。針對這一點，我希望先讓各位瞭解「有價值」究竟代表什麼意義再來思考。

覺得自己不是什麼了不起的人，沒有人會需要自己，也沒有人會喜歡自己。像這樣以否定的觀點看待自己的人，就不會覺得自己有價值。

我希望感到絕望的你，一定要試著思考：為什麼不覺得自己有價值？該怎麼做才會覺得自己有價值呢？

平常應該不會被問到你喜不喜歡自己，但在心理諮商的時候，我就會這樣問前來諮詢的人。

很多人都說不喜歡自己，不僅如此，還有人非常討厭自己。如果能說出喜歡自己的話，大概也不會接受心理諮商了吧。要是對「喜歡自己」這種說法有抗拒感的話，改成「接受自己」就好了。

認為自己有價值，就代表認同原本的自己，覺得活著的自己有價值，所以能夠接受原本的自我。

如前文所述，阿德勒說過，只有在自己的行動對社會共同體有益時，才會覺得自己有價值。不過，我之後會明確指出這種說法大錯特錯。

不喜歡自己的人，只是不喜歡自己原本的樣子而已。然而，無論你對自己有什麼偏見，到死之前都必須和自己相處。如果不能喜歡自己原本的樣子，那麼人就無法幸福。

如果能喜歡自己原本的樣子，你就不需要改變。因為不喜歡自己，所以想改變，想變成一個和自己不同的人。但其實不這麼做也無所謂，而且你本來就做不到。

如同前文提到的，如果是其他工具，不喜歡或者想換成更好的都可以買來換。然而，自己是無法更換的東西，即便有什麼缺陷，也只能繼續和自己相處，直到死為止。因此，人必須接受原本的自我。

為什麼無法喜歡原本的自我呢？這是因為大人從小就教我們，不能保持原本的自我。無法接受原本的自我，其實是受到父母的影響。

孩子剛出生的時候，只要活著，父母就別無他求。然而，隨著孩子成長，父母就會希望孩子出類拔萃，孩子也會想要滿足父母的期待。

期待孩子出類拔萃的父母，會要求孩子追求成功。應該沒有父母希望孩子不幸才對。然而，大多數的父母都認為，成功才能掌握幸福，成功就等於幸福。因此，父母會希望孩子考得好成績，考上（所謂的）好學校，進入（所謂的）大企業，成為官僚、政治家或者醫師。

父母的期待讓孩子認為保持自己原本的樣子是不行的，所以拚命讀書。如果能按照父母的期待，考上好學校也就罷了，人越是把成功當目標，就會離幸福越來越遠。

之前的文章中也提到，人不需要完成什麼就「已經」很幸福。也就是說，幸福和成功不一樣，不需要達成任何條件。「活在」當下這個時刻，就已經是幸福。一旦把成功當作目標就會沒完沒了，因為你必須不斷達成「下一個」目標才行。

別人不看好也無所謂

阿德勒還說過：

「為了被認同而努力，姑且不論會不會成為優勢，但一定會讓精神生活更加緊張。」（《人格心理學》）

雖然我知道讀書不是為了父母，但是對那些成長過程中一路被父母稱讚的孩子來說並不是這麼回事。這樣的孩子之所以讀書，不只是想要獲得父母的認同，也想要獲得別人的認同。

想獲得認同感的人，會訂立能力和優越性這種目標，因為他們認為自己必須比別人優秀。阿德勒說，一旦靠近目標，人就會「期待獲得莫大的勝利」。然而，勝利不見得會到來。若要和源源不絕的他人競爭，就無法逃避不能輸的緊張感。

這次拿到好成績被父母誇獎，但下次如果沒有拿到好成績，就可能會被罵了。實際上，沒有拿到好成績的話，父母的確會一言不發或者斥責孩子。

然而，父母應該也不是打從一開始就這樣才對。原本只要孩子活著就很感恩，但隨著孩子成長，父母就會希望孩子出類拔萃。具體而言就是要求孩子會讀書又會運動，或者會畫畫、演奏樂器等。孩子背負著父母的期待，為了被父母認同而拚命努力。實際上也有孩子因此獲得好成績，然而，並不是每個孩子都能滿足父母的期待。

所以，當孩子知道自己沒辦法像父母期待的那樣出類拔萃，就會想說那乾脆壞到底好了。

如果是個性積極的孩子，就會靠某些行為讓父母傷透腦筋。從小就受父母鞭策，但沒有拿到好成績時，又會受父母責備；此時，一直忍氣吞聲的孩子就會出手反擊。

如果是個性比較消極，不會採取反抗行動的孩子，可能就不會參加考試或者乾脆不去上學，反正只要不考試就不會有成績。如果父母因為孩子很會讀書就抱有期待，那麼孩子只要靠讀書這件事就能影響父母，這反而比做其他事情更讓父母頭痛。孩子靠這種折射的方式，就能吸引父母注意。因為父母會擔心孩子，一顆心都懸在孩子身上。

不要犧牲自己

也有人因此罹患心理疾病。某個大學生告訴父母今天不想去上學，但父母告訴他，學費是父母出的，堅持不讓孩子請假。雖然我認為請假不需要經過父母的同意，但那位大學生沒有違抗父母，導致最後罹患了過食症。他之所以會罹患過食症，就是因為他說其他的事情都會照父母的話去做，唯有體重不想被控制。當然，他根本不必這麼做。父母或許會生氣，但他只要堅持「我今天不去上學」就好。

有個小學生一定會在暑假的最後一天出現嚴重的氣喘症狀。發作的關鍵就是母親說的一句話：「話說回來，你的作業呢？」作業只能靠孩子自己完成，就算作業沒寫完被老師罵，小孩也只能自己承擔。父母什麼都不能做，所以孩子如果被父母問到這個問題，也只能回答「還沒寫完」。如果父母說：「現在開始寫的話，不是會來不及嗎？」那孩子也只能回答：「大概吧。」父母或許會生氣，但是憤怒的情緒也只能由父母自己想辦法收拾。

不需要父母提醒，孩子也知道自己應該寫作業。開學典禮那天，作業一定要寫完。事實上，如果是孩子放棄暑假作業鎮日玩樂，最後也只能自己承擔責任。所以，無論是否來得及，不用父母提醒，孩子也應該馬上開始寫作業。

原本不想這樣，想要當個寫完作業去學校的好孩子，獲得父母和老師認同的孩子反而會更緊張。這就是氣喘發作的背景。氣喘一發作，父母就不會要自己趕快寫作業了。如此一來，至少那天可以不用寫作業，但是即便心裡希望有人能來幫自己寫作業，最後還是只能自己完成。

某個學生沒有和走廊上擦身而過的老師打招呼。打招呼並不是具有強制性的事情，只是學生判斷不需要和這位老師打招呼，所以才沒有打招呼。當然，也有可能是學生沒有發現那位老師而已。但是老師認為學生無視自己的存在，所以告訴學生「你明天不用來上學了」。隔天，那位學生就真的沒去學校。

老師當初真的沒有想到，學生聽到這種話，會真的不去上學嗎？

隔天開始，那名學生就再也沒去學校。認真生存的年輕人，經常會把大人的笑話當真，事後再說自己其實沒那個意思，已經來不及了。有些學生之間能夠當作玩笑的話，如果是從老師口中說出來，就沒辦法輕巧帶過了。

曾和那位學生對話的諮商師說，一般而言，人不會知道自己行動的目的。那位學生也不知道自己「為什麼」不再去上學，所以諮商師告訴他，其實他的目的是為了報復老師。

所謂的報復，是一種比起讓對方生氣，更像是讓對方感到不舒服的行為。諮商師解釋說：「你是不是覺得，自己如果不去上學的話就會讓老師感到不舒服？」結果那位學生說，這麼一講他才發現，的確是這樣沒錯。

然而，諮商師還是必須告訴那位學生，他做的事無法如同他的期待報復老師。

「對你來說，他是一名老師，但是對老師來說，你只是眾多學生中的其中一個。老師不會像你想像的那樣，整天想著你的事情，也不會因為你今天沒來上學，就擔心你明天會不會來。所以，沒辦法如你所願地報復老師。」

這位學生的問題是用對自己不利的方式，試圖報復老師。不去上學的話，成績就會變差，可能要留級，甚至無法畢業。

學生詢問自己該怎麼辦的時候，諮商師這樣說：

「只有一個方法對你有利，又能報復老師。」

要提出這樣的建議，諮商師和學生之間必須建立良好的信任關係。

「白天一副若無其事的樣子去學校。然後，深夜打電話到老師家，但接起來之後不要講話。」

當然，實際上諮商師不是建議學生打這種無聲電話。如果學生聽到這個建議笑出來，就表示他知道自己現在做的事情根本沒有意義。諮商師這樣告訴學生：

「你去學校的時候這樣告訴老師，學費是父母付的，老師沒有權力因為我沒打招呼，就規定我不能去學校。」

如果這樣說，事情還是沒有解決的話，只能找校長或主任投訴了。無論如何，不去學校就無法開始。實際上到底能不能做到，還是要看學生，但只要學生瞭解自己不跨出去就永遠無法開始，這樣就已經算是邁出很大的一步了。能夠擁有這種想法，就表示擁有解決目前問題的勇氣。

假如這個故事是真的，或許會有個學校老師說起以前的經驗：

「我以前每天晚上都會接到無聲電話。過了七年半之後，我突然想到，該不會是那個學生吧？當電話打來的時候，我問說：『是你嗎？』結果對方說是，之後我們就開始聊了起來。」

過了七年，學生早就畢業了。鑽牛角尖的學生每天晚上都打電話，但老師都沒什麼反應。想讓老師覺得不舒服，最後也就只是這樣而已。

我希望大家能明白，即便你傷害自己的身體，甚至想用自殺來報復傷害自己的人，也絕對不會達到你想要的效果。

看著這些年輕人讓我既心痛又覺得可憐，是因為他們選擇不去上學等對自己不利的方式，或是透過過食症、割腕等傷害自己的方式來復仇。甚至還有人選擇用輕生來報復，在此奉勸各位絕對不要這樣做。

不特別也無所謂

話說回來，其實人根本不需要他人的認同。想要出類拔萃或做壞事，都是因為想要獲得別人認同。然而，不做那些事情也無所謂，保持自己原本的樣子就好了。

在意別人怎麼看待自己的所作所為，也是在追求別人的認同。彷彿有另一個自己在監視自己說什麼話、做什麼事。

當然，這樣不是不好，這樣的人會在意別人如何看待自己的一言一行，所以，他們至少不會刻意傷人。我之所以強調「故意」，是因為仍然有可能在不經意之中傷害別人。

對這樣的人說「如果有想說的話，可以不用太過顧慮別人的心情，也不要害怕可能和別人產生摩擦，勇敢說出來。不需要滿足父母、他人的期待，也不需要被他人認同」其實剛剛好。因為這樣的人不會聽到我這樣說，就變得一副旁若無人的樣子。

越是這樣的人，我越建議他們要擁有被討厭的勇氣，不要害怕被別人討厭。反之，原本就已經被討厭、完全不顧慮別人心情的人，就不適合擁有被討厭的勇氣了。

家庭裡的父母、公司內的上司、學校裡的老師、運動競技的領隊或總教練、醫療現場的醫師，就剛才提到的意義來說，這些人都不應該「被討厭」。擁有這些立場的人，即使被討厭也要說出應該說的話，必須擁有被討厭的勇氣才行。然而，這也表示他們有責任確實說明，如果不顧別人的想法，那就只是把自己的意見強加到別人身上而已。

以醫療的情況來說，因為怕被患者討厭而無法傳達正確的病情資訊當然不對，但在宣告患者剩餘壽命時，沒有考量患者該如何接受自己的說明，只是照本宣科傳達事實的話，就會大幅影響患者的情緒。接受現狀或許需要勇氣，但只要醫師願意確實說明，即便要花點時間，患者也能接受發生在自己身上的事，醫師絕對不會因此被患者討厭。

反之，一直想著別人怎麼看待自己，就會為了求表現而配合別人。試圖瞭解對方的心情的確很重要，但問題在於拿捏分寸。過度考量對方的心情，即便是不認同的事情，也看對方臉色而不反駁。如此一來，該說的話就說不出口，該做的事也做不了。這種情況持續下去，自己的人生就會在不知不覺中變成別人的。阿德勒說，這種做法「明顯妨礙行動的自由」。

阿德勒也說，這樣的人會看不見與現實之間的連結。德語的 unsachlich，就譯成看不見與現實之間的連結。這個形容詞從 Sache（現實、事實）衍生而來，表示非 Sache、不切實際的意思。過著別人的人生，就代表活在脫離自我人生的地方。

不要被他人的評價束縛

為了活在當下，首先必須瞭解，別人怎麼看待自己，其實和自己的價值、本質毫無關係。

如果被別人說「你這傢伙真討人厭耶」的確會覺得很失落，但這只是那個人對自己的評價而已。自己的價值並不會因為那個人的話而降低。這單純只是那個人討厭自己而已，並不代表所有人都這樣評判自己。

反之，聽到「你真是個好人耶」或許會很開心，但那也只是說話者的評論而已。自己的價值並不會因為這句話而提升。無論哪種評價，都和自己的價值無關。

在工作上難免會被批評，但批評並不是絕對的。自古以來，藝術家和文學家的作品，在有生之年沒有得到應有評論的例子不勝枚舉。里爾克想送書給一位寫信給自己的年輕詩人，但他做不到。他在書中提到因為經濟困頓的關係，書一旦出版就不屬於自己，導致他連自己的書都買不起。

「你想知道自己的詩寫得怎麼樣。你不只問我，之前也問過別人。還把詩送到雜誌社，和其他的詩比較。如果你的詩被編輯拒絕，就會覺得不安。我希望你別這麼做。」（Rilke, Briefe an einen jungen Dichter）

最重要的是「自己是不是真的想寫」，對發自內心想寫而寫詩的人來說，別人的評價根本不是重點。

別被社會價值觀束縛

為了讓自己覺得原本的自我就有價值，必須掙脫世俗的價值觀。前文看到的是周遭的人對自己的評價，但這裡的問題是世俗或普遍性的人類價值。人之所以無法接受原本的自我，就是因為被這種世俗的價值觀束縛。

在之前的章節中，我提到一名向我搭話的青年說：「大人都叫我適應社會。但是，那等於叫我去死。」

要適應社會就要遵從世俗的價值觀，然而，世俗的價值觀不代表絕對正確。如果是盲從的人就不需要煩惱，但像這位青年一樣對適應社會抱持疑問的人，就會覺得難以生存。如果適應社會、遵從世俗價值觀活著，對自己來說就等於死亡的話，不遵從世俗價值觀才是真正地活著。

這裡的世俗價值觀，指的是之前提到過的成功。的確有人把成功當成測量自己的一把尺，但那只是代表有人一心認為成功有價值而已。

不只生存方式，還有人會把「個性應該要這樣才對」的理想強加到別人身上。有位醫師提出，擔任護理師的條件之一就是「個性開朗，想法樂觀」。或許有人會覺得他說得沒錯，但這並非成為護理師的必要條件。

如果是每天都要接觸重病患者的護理師，應該很難經常保持開朗、樂觀吧。以我身為患者的經歷來說，和聲音宏亮、總是積極開朗的護理師相處很痛苦。雖然不會勉強自己配合這種護理師，但我當時覺得，如果那個護理師是個普通的人就太好了。

不僅限於護理師，一般而言個性開朗就是比較受歡迎。如果找工作的時候也要強調自己很開朗，那個性不開朗的人該怎麼辦呢？我們不需要用世俗的價值觀來評斷自己的價值，也不需要改變自己。

「不改變的話不就找不到工作了嗎？」我想對擁有這種想法的人說：「變成另一個人活著有意義嗎？」就算你真的變成另一個人，那也已經不是自己了。討厭原本的自己而變成另一個理想中的自己，只不過是變成世俗眼光中很不錯的樣子而已。

從小被稱讚的人，就會認為必須要由別人來認同自己。為了瞭解自己的價值，需要別人的認同和評價，也就必須對照世俗的基準，才能判斷自己有沒有價值。

這樣一路成長的人，長大之後也會為了被稱讚而行動，一心為了滿足他人的期待而生存。周遭的人取代過去的父母，即便對象改變，長大之後還是會做一樣的事。然而，越是這麼做，就越會覺得自己必須特別才能被別人認同，就算已經被稱讚，也會覺得自己要更努力才行，對自己步步緊逼。

我曾經看過一部電影，影片中有名女性在東京的「外送性服務公司」工作。（《御宅大冒險》）她說：

「試著做現在這份工作之後覺得並不討厭，這樣就很幸福了。男人都很滿意，也很需要我。被人稱讚不是很開心嗎？」

但是，如果只有被他人認同才能找到自己的價值，就表示沒有他人存在的話，就無法認同自己的價值了。她的朋友已經看穿討男人歡心的她「只是在依賴他人而已」。

沒有被別人認同的話，就無法認可自己的價值。除此之外，也不知道該怎麼為自己的行動訂定方針，最後就會迷失人生的方向。

存在的貢獻

她必須知道：瞭解自己的價值，並不需要他人的認同。與他人或世俗的認同無關，只要自己認為自己有價值，就表示成功接納了原本的自己。只要瞭解這兩件事即可。

覺得自己很陰沉，無法喜歡自己的人，是以「個性開朗比較好」的一般價值觀為基準評判現實中的自己，所以才會無法接受。

覺得自己很陰沉的人，其實不是陰沉而是溫柔。因為這樣的人經常在思考，別人會怎麼看待自己的言行舉止。這樣的人至少不會去傷害別人。既然如此，那就不是「陰沉」，而是「溫柔」。沒有鏡子就無法看見自己的臉。因此，如果能透過語言這面「鏡子」，從其他角度看待自己的話，應該就能接受自己原本的樣貌了。

如果孩子說「我不喜歡自己」，父母就要像這樣教導孩子挖掘自己看不見的東西。而且，更要告訴孩子，只要活著就有價值。

父母能做的，就是告訴孩子，無論孩子能不能做到某些事，父母都能接受。如果孩子做到一件事，可以稱讚孩子，但做不到的時候，不要因此而責罵孩子。父母要坦然接受孩子的存在、孩子還活著這件事。如果父母能接受孩子原本的面貌，那孩子就會知道，就算自己不特別，原本的自己就已經是一種貢獻，也會覺得自己有價值。

反之，父母只有在「能做到某些事」的時候才稱讚孩子。做不到某些事的時候就不稱讚，這樣的父母只從「實用性」的角度看待自己的孩子。

在孩子什麼都做不到或者入學考試失敗的時候，父母不是更應該守護孩子嗎？我希望天下的父母都能在孩子說不想去上學的時候，建議孩子在家悠哉度過一天，而不是無論發生什麼事都要孩子去上學。「這是為你好」這種話無法打動孩子。不僅如此，孩子還知道，那是父母的偽善。每個孩子都可以看穿父母只是在意自己的面子而已。

有些父母乍看之下很通情達理。這種父母會說孩子不特別也沒關係，當個普通的小孩就好。然而，仔細一聽，就知道他們所謂的「普通」，一點也不普通。如果問說：「國中畢業之後，直接去工作也沒關係吧？」他們就會回答：「我希望孩子至少要高中畢業。」如果問說：「高中讀哪一間都可以吧？」他們就會回答：「有名氣的學校比較好。」如果問說：「高中畢業之後，直接去工作也沒關係吧？」他們就會回答：「現在很少有人高中畢業就去工作，還是上大學比較好。」而且，大學也不是讀哪一間都可以。如此一來，就可以知道父母所謂的普通，其實基準很高。

實際上，如果父母都是高學歷，或許還會說出「東大以外的學校都不能稱為大學」這種話。當然，孩子也會感受到強烈的壓力。孩子根本就不需要滿足父母的期待，其實只要無視父母的期許就好，但也有孩子認為自己必須滿足父母的期待。這樣的孩子也會認為，人生會像父母說的那樣，只要擁有高學歷，就能擁有成功又幸福的人生。

雖然為了滿足父母的期待而拚命努力，但不是所有孩子都能滿足父母的期待，所以就會出現相應的問題。如同前文提到的，孩子會做一些對自己不利的事或者傷害自己的身體來反抗父母，實在很可憐。父母必須知道自己已經把孩子逼到這種程度才行。

從實用性的角度看待孩子，不能認同孩子只要活著就有價值，這不是身為父母最差勁的態度嗎？即便孩子和父母理想中的樣子不同或者罹患疾病、惹出麻煩，父母不都應該接受孩子的存在嗎？

父母本來就應該守護孩子。孩子只知道聽父母的話，所以無論周遭的人怎麼說父母的不是，深愛著父母的孩子也會接受父母說的話。無論父母做出多過分的事情，孩子都會原諒父母。然而，父母不應該這樣濫用孩子的溫柔。

湯川秀樹在自傳中說他認為自己很不起眼（《旅人》），當他父親打算讓他走上和其他兄弟不同的道路時，母親這樣說：

「有些孩子就是很不起眼，鶴立雞群、才華洋溢的孩子不可能成為留下優秀功績的人，反而是那些不起眼的孩子……」

不需要做什麼特別的事，就能覺得自己有價值。即便父母希望孩子特別優秀，孩子也不需要滿足父母的期待。

剛出生的孩子沒有父母的幫助就無法活下去。然而，即便是剛出生的孩子，也不是單方面接受父母的給予。父母給予的是大人的幫助和愛。孩子無法用語言表達，所以肚子餓、尿布濕了等覺得不舒服的時候就會大聲哭泣。大人聽到哭聲，就會試圖去猜測孩子需要什麼。有時候要知道不會說話的孩子需要什麼很困難，但孩子只能透過這個方式讓大人提供需要的東西。

然而，父母做這些事情的時候，並不只是因為孩子生存上的需要，而是因為愛著孩子。父母「給予」孩子的是愛。

孩子也能「給予」。給予什麼呢？答案是幸福。孩子什麼都不做，父母只要看著孩子的睡臉和微笑就覺得幸福。只要在那裡就能讓周遭的人感到溫暖。不需要做什麼，光是活著就能給予、貢獻。

這個時候，父母只要孩子活著應該就別無所求了。只要孩子活著，父母就覺得很開心，應該也不會希望孩子回饋什麼。或許孩子已經不記得了，但是以前一定有過這樣的時光。

然而，活著就有價值，活著對他人來說就是喜悅，光是活著就有貢獻，不僅限於孩提時代。

成為大人的現在，也和孩子一樣，不需要做什麼特別的事，只要活著就有價值，就對他人有所貢獻。

儘管如此，父母最後還是會忘記過去無條件愛著孩子的心情。

我想告訴孩子們，不需要獲得父母的認同，只要這樣對父母說即可：我沒辦法成為你期待的樣子。這麼說可能會傷了父母的心，但這也只能由父母自己處理，不是孩子應該思考的事。無論別人說什麼，我就是我，只要接受自己原本的樣子即可。

不要用生產性判斷價值

根據以上的論述，我想把之前引用阿德勒的「只有在我的行動對社會共同體有益時，我才會覺得自己有價值」這句話，改成這樣：

「只有在我感覺到自己的存在對社會共同體有益時，我才會覺得自己有價值。」

「覺得」有益和實際上能否做有益的事無關。會去區分實際上有益無益，就表示還是受到「所謂的價值就是具有生產性」的想法影響。

認為因為生病而無法動彈的人，已經失去活下去的價值，這種想法也是受到「把生產性當作價值」的思考方式束縛。如果以身體能不能動、能創造出什麼東西為基準，判斷自己是否有益，那麼病患、老人、幼童就等於毫無益處的存在。如果是成人的話，只會感到絕望，甚至有人會因此自殺。

但事實並非如此，無論能不能做到某些事，只要活著都對他人有益，只要活著就對他人有貢獻。

孩子不會因為自己什麼都不會而感到絕望，因為孩子不受生產性的價值觀束縛。然而，孩子不久之後就會被迫參加以成功為目標的升學考試，沒辦法一直優閒下去。

我病倒之後，身體無法自由活動，只能被迫靜養，一時之間無法接受自己過著和之前完全不同的人生，也不能接受自己什麼都做不到。被救回一命的時候，剛開始覺得很慶幸，但持續靜養一段時間之後，即便因為復健而恢復到可以走路，身體也沒辦法像以前一樣靈活，光是踏出一步都覺得很辛苦。

身體不聽使喚又丟了工作的我，不得不思考自己活著的價值。幾天之後，我才想開。如果病倒的人不是我，而是家人或好友，我會怎麼做？我一定會驚慌失措地趕到醫院吧。此時，無論對方狀況有多糟，只要還活著我就會覺得很慶幸。

我覺得可以把這樣的想法套用在自己身上。我只要活著，對他人來說就是一種喜悅，我也因為這樣對他人有所貢獻。人類的價值就在於活著，就是指這個意思。

自己的價值本來就應該要自己認同，想藉由他人認同本來就很弔詭，尤其是在活著這個層面的意義上，更不需要由別人來認同自己的價值。根本不需要問「我可以這樣活下去嗎？」這種問題，認為活著就有價值的人，一定也能用同樣的角度看待別人。

彼此認同活著就有價值這件事，隱含著人類的尊嚴。絕對不能讓別人判斷自己沒有價值、不值得活下去。那些因為判斷別人沒有活下去的價值就下手殺人的想法，更加不可取。

不需要做大事

犯下殺人事件的人，往往引發社會大眾的怒火與責難，但犯人用生產性判斷價值的常識和一般大眾沒什麼兩樣。
一直想完成一件事、想成功，但是到了這把年紀仍然一事無成，想到這裡人就會絕望，覺得自己再活下去也沒用。絕望的程度因人而異，但一定有人會嘆著氣說：難道我就要這樣一事無成地結束一生嗎？
有這種想法的人，就會想著至少要在死前幹件大事，這樣大家應該就會注意到自己，所以才會對別人行兇。當然，並不是每個人都會這樣，但是每次有這種案件發生的時候，就會有人說：不要給別人添麻煩，「自己去死一死」。然而，這種冷漠才是問題所在。如果聽到「自己去死一死」這種話，就會更覺得自己沒有價值。
這種人需要的幫助，就是有人告訴他，活著本身就是人類的價值。不需要成功，也不需要因為想獲得別人認同而做些特別的事情。認為自己沒有價值的人，就會覺得和自己一樣什麼都做不了的人也沒有價值。如果他們能瞭解活著本身就有價值，那麼也會認為自己和別人都是只要活著就有價值。

想要活下去

或許需要一點契機才能讓人轉念。有時候人無論碰到多麼痛苦的事情都想要活下去，有人會在完成一件大事的時候，覺得活著真是太好了，譬如考上想讀的學校，在運動或音樂比賽中得到優勝。

然而，人生中沒有經歷過什麼大事，難道就不能感受活著的喜悅嗎？應該是說，大家可能已經遺忘什麼是真正的喜悅了。譬如說，每個人小時候都曾經熱中於某件事，甚至想為此而活吧。

我在鄉下長大，但小時候並沒有很親近大自然。不過，我家就在河邊，所以每天都會去釣魚。放暑假的時候也在釣魚，所以根本沒有時間寫作業。因此，暑假最後一天，我都要趕作業趕到深夜。

在孩子年幼的時候，即便熱中某件事，大多數的父母也不會特別制止，等到上小學之後，父母就會開始對小孩說：「不要再做那些雜七雜八的事了，趕快去讀書。」

然而，長大成人之後繼續「做那些雜七雜八的事」也沒關係。只要做那些事能感覺快樂，那活著就是一種喜悅。

我因腦中風住院一個月，回到家裡才發現大自然的美。住院的時候沒有踏出室外一步，一直都在醫院裡生活，離開醫院的時候，覺得陽光好刺眼。

住院的時候，晚上經常輾轉反側，所以醫生開了安眠藥給我。我的身體因為治療出現成效，所以馬上就開始好轉，但心理的打擊實在太大了。如果吃了藥，下次醒來就是隔天早上，但我很擔心會不會吃了藥，隔天就再也沒醒過來了。醫師剛開藥給我的時候，我會把藥放在桌上，花好幾個小時思考到底要不要吃。

然而，我後來已經能擺脫恐懼的束縛吃藥，也為隔天早上醒來時還活著感到喜悅。我之所以能轉念，都是多虧了拚命照顧我的家人、從遠方來看我的朋友，還有每天治療並關照我的醫療人員。

瞭解自己是被他人重視的存在，就能知道生存本身有價值，也會想活下去。

何謂勇氣

前文談到人的存在就有價值。我再度引用阿德勒的話：

「只有在覺得自己有價值的時候，才會產生勇氣。」

我認為阿德勒把「有價值」的意義局限在「行動對社會共同體有益」是有問題的，所以這樣修改：

「只有在我感覺到自己的存在對社會共同體有益時，我才會覺得自己有價值。」

接下來，我們必須思考阿德勒那句話最後的「勇氣」是什麼意思。若前半段「有價值」的意義改變，那麼勇氣的意義也會跟著改變，但我們先從阿德勒所認為的勇氣開始看起。

人都有必須解決的課題，工作、學習、人際關係，都是無法避免的課題。工作和學習都必須努力才有成果，沒辦法一開始就看到好結果。我們也必須面對沒辦法一開始就做到的現實。同樣地，我們也因為無法避免摩擦，所以人際關係才會變成難解的問題。無論多麼親近，如果不努力保持友好，不知道什麼時候這段關係就會破滅。

然而，也有人不打算努力，試圖逃避問題。從工作和學習的角度來說，這種人會害怕成果被評論。逃避問題的人如果是學生，那只要不去考試就不會有成績，所以選擇不去考試。人際關係方面也一樣，不要和人交流就不會受傷，所以選擇不去上學、把自己關在房間裡。

逃避問題需要理由。因為A（或者因為不是A）所以無法B，而且A是每個人都會接受的理由。

阿德勒把經常在日常生活中應用的這個理論稱為「自卑情結」，而幫助這些人不再以理由當擋箭牌，擁有面對問題的自信，就叫做「賦予勇氣」。

知道自己有價值，才能擁有自信，但阿德勒說，只有在自己的行動對社會共同體有益時，才會覺得自己有價值。這句話是什麼意思，只要想想對社會共同體無益的行動是什麼，就能明白了。

某少年邀其他人一起去游泳。他自己不會游泳，但他為了獲得大家的稱讚而試圖游泳。水太深，他差點溺水，他無視自己可能陷入危險，而且還期待別人會救自己。（《阿德勒心理學講義》）

少年的確沒有逃避游泳這個問題，然而，不會游泳又刻意去游泳，這不是勇氣而是匹夫之勇。他莽撞的行為，是為了得到別人的讚賞，而且，這位少年還期待別人去救他。不過，就算他能獲救也只是碰巧，有可能根本沒有人去救他。如果知道不會有人去救他，說不定一開始就不會跳下去游泳了。所以阿德勒說這位少年的行為不是真正的勇氣，而是「人生中無用的勇氣」。

相對之下，人生中有用的勇氣又是什麼呢？和這位少年不一樣，看到有人溺水時，自己會游泳而且完全沒有去想會不會被別人稱讚就跳下去相救的人，就具備有用的勇氣。

當然，即便不是幫助溺水的人，只要不考慮會不會被別人稱讚，單純去做對社會共同體有益的事情，就算是有勇氣。

聽到阿德勒對勇氣的定義，應該很多人會覺得自己不可能擁有這樣的勇氣。因為「不逃避自己該做的事，盡力去解決」，不會被稱讚為「有勇氣」。

而且，應該也有人認為，就算不是跳到河裡或海裡，面臨的問題如果不困難的話，解決問題也不需要勇氣，只有克服困難的問題才能稱為有勇氣。

針對困難的定義，阿德勒這樣說：

「困難不是無法克服的障礙，而是需要征服的課題。」（《兒童的教育》）

如果一開始就知道自己無法克服正在面臨的問題，那就根本不會想要解決吧。然而，聽到困難就是需要征服的課題，還是會覺得害怕。即便知道不應該逃避問題，而是要想辦法解決也一樣。

阿德勒這句困難不是無法克服的障礙，讓我馬上想起他的另一句話。（《阿德勒心理學講義》）很多人在挑戰之前就覺得不可能，如此一來就會產生自己根本不行的偏見，而且一輩子都會有這樣的刻板印象。做了才會知道到底行不行。阿德勒說「每個人都能完成任何事」，但若把前一句針對困難的那句話串在一起，聽起來就像是「任何人都能克服、征服困難」。

前文提到因為Ａ（或者因為不是Ａ）所以無法Ｂ的自卑情結理論。如果Ａ不是「困難的真正原因」，而是「無法解決的原因」，那麼只要擺脫自卑情結理論，也就是說，不要把「做不到」當成正當理由，那麼人生就沒有無法解決的問題了。

然而，世界上真的沒有無法解決、征服的問題嗎？沒有面對問題的人，真的就沒有勇氣嗎？

活著就是人生的一大課題

每個人小時候都只是單純地活著而已。以前，搭火車（還不是電車）的時候，我曾經和妹妹天真地大聲唱歌。我突然發現身邊的大人都在聽我們唱歌，因為覺得不好意思，所以就不唱了。那或許就是孩提時代，單純活著的最後一段時光了。

然而，單純活著這件事應該不限於孩提時代才對。我住院的時候，每天都覺得很充實，因為我從早上起床到睡覺為止，都只想著自己能做什麼。

然而，等到身體逐漸恢復，我就開始思考出院後的工作。如此一來，之前感受到的充實就消失了。不過，仔細想想，思考工作的事反而沒有充實感，其實很奇怪。因為充實感之所以消失，是因為我開始思考活著以外的工作問題。

無論是小時候還是長大成人之後，住院前還是出院後，活著都是人唯一的課題。原本生病的人一旦恢復健康，就會覺得自己不能只是活著。然而，活著這件事就是人生，除此之外人生也沒有別的了。

前文已經提到過很多次，幸福就是存在，即使不成功、沒有完成什麼事也可以很幸福。因為人光是活著就已經很幸福，活著本身就有價值。

工作、交友、戀愛，每一項都只是活著的其中一個面向。阿德勒說，如果工作、交友、戀愛之中，有一項特別突出，那麼人生就會不協調。因此，人不能只拘泥於單一課題，也必須思考其他課題才行。

但是，我認為只要認真面對人生課題中的其中一項就已經很好了。認真投入工作或者把交朋友當成活著的喜悅，都必須要很認真才能做到。每個課題都分配差不多的精力，這種生存方式反而很無趣。

努力解決一個問題，放掉其他問題的做法，如果是阿德勒的話，一定會說這樣就是缺乏面對問題的勇氣。然而，無論什麼樣的生存方式，都無法逃避「生存」這個問題。任何人只要活著，就會面臨生存的問題，而且沒有逃避這個選項。

如何面對困難

問題在於認為「生存很困難」的想法。的確，應該沒有人會覺得人生一點也不苦。畢竟不可能有那種事事順心、一帆風順的人生。只要活著，就會碰到許多困難，然而，活著不一定像阿德勒說的，是個「需要征服的課題」。

前面我一直提到，活著很苦。有些困難能解決，但有些不能。不過，能否克服困難，只是解決困難的結果。前文也說過，任何人都逃不過衰老、疾病和死亡。能克服這些，就等於長生不老了，因此，我們不需要克服、征服這些問題，只要接受、接納它即可。

阿德勒說「每個人都能完成任何事」，然而，如果把困難當成「必須征服的課題」，那麼解決課題，就會變成必須咬牙完成的一件事。而且，一旦認為完成困難的事需要勇氣，那人就會把勇氣當成很特別的東西。

面對人生的難題時，每個人的反應都不一樣。

生病的時候，不是每個人都能平靜地接受。而且，深愛的人死亡，會令人悲傷。即便不知道死亡究竟是什麼，但至少能確定死亡代表了離別。離別令人悲傷，而且悲傷不是能夠克制的事情。

幼兒站起來並且邁出步伐，其實伴隨著莫大的困難。孩子終究會克服這些困難，然而，這只是結果而已，因為也有孩子單純為了努力站起來走路這件事本身感到喜悅。

人有可能因為身體障礙或疾病而無法走路。我因為心肌梗塞病倒時，一開始必須靜養，後來治療奏效才終於能夠復健。

起初光是下床站在地上就已經很困難，但是後來漸漸能拉長行走的距離，不過，這也只是復健的結果而已。

復健通常以出院後也能恢復行走等日常生活機能為目標，但我認為即便恢復到能走路的狀態，也有人因病受打擊而失去活下去的動力，這時候復健的目標應該改為幫助病患萌生想活下去的念頭。

最初的一小步

我的朋友長年因口吃而苦惱，他覺得別人都在笑自己口吃。我問他：「別人口吃的時候，你會笑他嗎？就算對方說不出來，你不會等他嗎？」

「如果你不會笑別人，也願意等他說完，那其他人一定也願意等你。」

他雖然不認同我的這番言論，但是他某天早上決定對在車站擦身而過的人說「早安」。儘管能向認識的人打招呼，但和不認識的人打招呼就需要勇氣了，而且，他沒辦法馬上說出「早安」這句話。

即便如此，鼓起勇氣嘗試之後，出乎意料地十個人之中有八個人會回應。沒有回應的人，應該也沒有惡意才對，畢竟陌生人來打招呼，還是會有人覺得困惑，或許也有人太忙沒注意到。

無論如何，他獲得走入人際關係的勇氣，最後成為一名計程車司機。計程車司機必須和客人溝通，當然，什麼都不說應該也無所謂，但至少要確認客人的目的地。這對口吃的他來說，和客人之間的溝通想必不容易。

某天，來搭車的大學生和他搭話。

「大叔，你經常結巴耶。」

搭上車的這位大學生，並沒有對他口吃這件事小心翼翼，雖然馬上就發現他「結巴」，但是不覺得談這件事是禁忌。應該有人刻意忽略他的口吃，但這位學生接納了原本的他。

一般來說，即便對方口吃，也不會刻意提起。他以前也營造一種「不要提起我口吃」的氛圍。

然而，當他明白沒有人會因為口吃而嘲笑自己之後，便卸下長年圍在身邊的防護牆了。他發現自己根本不需要這麼做。

阿德勒曾經寫到一名父親因為兒子已經出現一些問題行為，認為只能把兒子送去教養院。

「這位父親無計可施，所以決定把兒子送進教養院。然而，兒子罹患了髖關節結核，一整年都臥病在床。後來漸漸康復，也重回校園，在那之後，他就像換了一個人一樣。從那個時候開始，兒子變成一個非常可愛、勤勉認真的孩子。」（《陷入教育困境的孩子》）

這個兒子到底發生什麼事了呢？他知道住院的時候，有人一直在為自己盡心盡力。在那之前，他一直覺得自己被冷落，然而，他現在知道那是一場誤會。因為知道有人愛著自己，出院後才會像變了一個人一樣，變成可愛又勤勉認真的孩子。

他知道家人奮不顧身地照顧自己，所以對家人的看法也改變了。他以前也覺得必須要特別出類拔萃才能被認同，現在知道只要保持原本的自我就好，所以也卸下自己和家人、社會之間的防護牆。

勇氣不需要驚天動地，如同這兩個案例可以看到的，首先，只要放棄變成特別的人就好，這樣就能大幅改變人生了。另外一點是要有勇氣改變對他人的看法。下一章會針對這一點思考，不過這裡可以先做個小結，如果需要別人的話，就要把對方當成會幫助自己的盟友。

不需要成為大人物，也不需要做大事

現在這個時代，往往把社會追求的形象強加在孩子身上，要求孩子「成為」某種人物。孩子會想要回應父母和周遭大人的期待，但是不一定能成功。應該是說，失敗的情形比較多。

即便孩子認為自己必須變得特別，周遭的他人也應該告訴孩子不需要這麼做。

剛才提到因病住院的少年，他的家人沒有去思考住院前曾出現多嚴重的問題行為，單純為了他還活著而感到慶幸，所以才會奮不顧身地照顧他。原本以為自己必須特別才能被認同的少年，因此得知自己不需要這麼做也無所謂。

沒錯，我是獨一無二的，不需要特別做什麼也沒關係。如果為了滿足父母和大人的期待，會讓我失去自己，那我就不再是我了。放棄「成為」不是自己的自己時，人才會真正改變，即便實際上看起來和以前沒什麼不同，只要心裡認為不再需要回應別人的期待，光是這樣就足以說自己已經改變。

父母和周遭的大人會要求孩子完成某件事，大人其實就是在要求孩子要成功，譬如考上好學校、進好公司工作，明明完全不知道到底哪裡「好」，還是有很多人把自己以前曾經做過的事或者自己做不到的事強加在孩子身上。

即便想成功，現實也很殘酷。雖然有想考的大學，但因為學力太弱考不上。想和喜歡的人結婚，但是遭到父母反對或者被對方拒絕，最後沒辦法和那個人結婚。應該很多人有過這種經驗吧。

也有人不在意成功，不和現實妥協，一心追求理想。不只年輕人會這麼做，即便是已經在社會上獲得成功的人，也會挑戰年輕時曾經想做但是放棄的事情。

很多人無法理解為什麼要放棄工作去追求夢想。這樣的人套用三木清的話來說，就是「世故的聰明人」。

「你是個追夢人（Träumer）。但你的夢注定會破滅，所以實際一點吧！」

（《從未提及的哲學》）

追夢人（Träumer）就是有夢想的人。夢想和理想經常會因為現實破滅，然而，即便無法實現，也不代表「一定會絕望」。

「我的願望是和F女結婚、我的願望是住在V市、我的願望是獲得P地位、人都會像這樣說出自己的願望。」（《人生論筆記》）

「有人會說懷抱希望終究會失望，所以若不想嘗到失望的苦，最好一開始就不要懷抱希望。然而，失去的希望不再是希望，反而會變成類似期待的東西。」（《人生論筆記》）

而且，三木還說：

「大多數的希望都會流失，而那些絕對不會流失的東西，就是真正的希望。」（《人生論筆記》）

「大多數的希望」就是指「期待」，和「真正的希望」形成對比。用三木清的話來說，真正的希望就是存在的幸福。人不需要達成什麼就「已經」很幸福，夢想和希望（其實是期待）即便沒有實現，也絲毫不會影響到幸福。

不需要把希望連結到未來，「當下」就很幸福，這件事本身就是希望。

逃避也無所謂

雖然想要擁有面對問題的勇氣，但我們必須瞭解，有時候逃避不等於沒有勇氣。

如果被迫要以成功為目標這種非本質性的方式生存，那逃避也沒關係。應該是說，這種時候應該要快逃才對。

人從小就要每天孜孜不倦地上學。如果被問到為什麼要上學，應該只能說得出「因為大家都去啊」這種答案吧；如果是從小就努力考試的人，或許會回答是為了考上大學、進入公司工作，也就是為了成功而上學。

完全不會去考慮希望（就三木的說法其實是期待）破滅的問題。

然而，經歷過考試失敗、因病倒下之後，人就會知道人生無法像自己想像的那樣順利。或許有些人即便有過這樣的經歷也不會在自己往後的人生中改變想法，但至少會是一個促使人思考何謂人生意義、幸福的契機。

就算沒有這些經歷，也有人會對為什麼要上學、為什麼要學習感到疑惑。每天自動把身體送去學校的人，根本無法想像這樣的疑惑。

即便問父母為什麼要讀書、為什麼要上學，父母也說不出個所以然。因為父母也沒有想過這個問題就度過了自己的人生。當我提到「為什麼要讀書」這個話題的時候，有父母說現在已經快要考試了，不能影響孩子的心情，也就是不能讓孩子對讀書這件事抱持疑問，所以不會和孩子討論這個問題，這讓我很驚訝。不過，我希望即便父母不說，孩子也能思考自己的人生。

一旦被這個問題困住，或許有可能會沒辦法像之前那樣天真地去上學，也有可能沒辦法繼續讀書。然而，我們不能逃避人生的課題。反而是把這個問題束之高閣，心裡想著現在只要讀書就好，才是在逃避人生的課題。

下一章會談論另一個可以逃避的狀況，不過在這裡可以先預習一下，當你碰到霸凌或者職場上的人際關係不順利的時候，逃離現場也沒關係。人並非專屬於一個共同體或者社會，離開現場並不等於逃離所有人際關係。

而且，如果是虛偽的朋友，那就更要積極逃避了。有些人是為了利用別人才假裝成朋友的樣子靠過來，不是只有年輕人而已，坊間經常聽聞高齡者被巧舌如簧的話術欺騙，因此買下高額的商品，或者是碰到詐欺。問這些人為什麼被騙的時候，有人回答「自己從來沒有碰過像這樣溫柔對待自己的年輕人」。

前面的文章中談到一般人覺得個性開朗比較好，而且似乎有很多人認為，朋友越多越好。然而，人根本不需要太多朋友，真正的朋友只有一個就夠了，沒有必要和每個人都打好關係。再說，就算現實生活中沒有朋友，也不代表逃避交友的課題。即便是這樣的人也絕對不是在孤立的狀態下生存，畢竟那根本是不可能的事。

下一章我們就來思考人與人之間的關係。

第七章

人與人的連結

人生は苦である、でも死んではいけない

有很多困難會阻礙人生，其中最困難的就是人際關係。人際關係一旦失敗，就會失去活下去的欲望，人也會變得絕望。然而，人也有可能因為從別人身上知道自己有價值，感受到人與人之間的連結，進而從人際關係中獲得勇氣。

前一章提到人類的價值就是活著，然而，即便如此也有人很難單靠自己就認同這一點。像這樣的人就需要別人的幫助，應該是說，每個人都需要別人的幫助。我想讓大家知道這是為什麼。

人際關係是不幸與幸福的泉源

人並不是一個人活在世界上，而是在與他人連結之中生存，這就是一切的出發點。

人與人之間的連結就是共同體，家人、學校、職場、國家就是共同體。在共同體中覺得有自己的位置，覺得自己可以待在這裡，這種歸屬感對人類來說是基本的欲望。

然而，只要與人有關就一定會產生摩擦，被討厭、被憎恨、被背叛都會讓人受傷。阿德勒說「所有的煩惱都來自人際關係」絕對不誇張。

只要在人際關係中受傷，就會不想和任何人來往。至少，會想要盡量避免與人交流。雖然不至於長期不去上學或者把自己關在房間裡，但今天不想去上學、不想去上班的念頭，應該幾乎每個人都有過吧。

即便在學校讀書或者是公司的工作本身很有趣，能夠積極完成該做的事，只要和職場的上司、同事或者學校的同學處不好，就會不想去上班、上學。更不用說遇到不合理的霸凌、職場上的職權騷擾、精神虐待甚至是性騷擾，人馬上就會不想上學、上班。

然而，另一方面，活著的喜悅和幸福也只能從人際關係中才能感受到。譬如人為什麼會想和長年交往的人結婚，一定是因為確信和這個人結婚會幸福，因此，才會走入婚姻。應該沒有人覺得結婚會變得不幸，還堅持要結婚吧。

覺得只要和這個人在一起，無論碰到什麼苦難都能承擔，甚至覺得在苦難中活著本身就是幸福，所以才會想結婚。

身為盟友的他人

不只結婚，有「盟友」也會讓人覺得人際關係不僅僅只是個麻煩的東西。這裡提到的「盟友」，是從阿德勒說過的 Mitmenschen 一詞翻譯而來。這個詞表示「人（Mensch）與人（Mensch）的連結（mit）」，光用「盟友」很難傳達正確的語感。

它的反譯詞是「敵人」。原文為 Gegenmenschen，這個詞表示「人與人對立、敵對（gegen）」。

你如何看待他人，這一點最重要。把他人當成需要的時候會幫助自己的盟友，還是一有機會就會陷害自己的敵人？根據觀點不同，你和他人接觸的方式也會產生很大的差異。

前面提到歸屬感是人類基本的欲望，為了在共同體中有自己的位置，當然就必須走入共同體之類。然而，也有人不打算這麼做。因為這些人害怕在和他人之間的關係中受到傷害。

因此，人會有兩種方式決定不走入共同體。一種是認為自己沒有價值。認為自己都不喜歡自己，別人怎麼會喜歡我？另一種是把他人當成敵人。只要把他人視為「敵人」，就不會走入共同體之中。

的確，共同體內並非所有人都有夥伴。實際上，一定會有無論做什麼都不願意接受，一心認為別人一有機會就會陷害自己，覺得人生遭受萬般阻礙的人。儘管如此，也不是所有人都是敵人，所以我們才要尋找盟友，與其說是尋找，不如說是發現盟友比較正確。

小學時，有個被霸凌的同學，欺負她的人都挑班導看不到的地點和時間，對她說一些冷酷的話。但是，沒有任何人願意替她說話，大家都怕幫她說話，就會被謠傳「妳喜歡那傢伙吧」。

她每天都被欺負，卻沒有人去告訴老師，我自己從來沒有對她說過冷酷的話，但是也沒有做些什麼讓那些人停止霸凌，所以我也算是同罪。

然而，一直被欺負的她從來沒有請過假。她不可侵犯的神聖感，並沒有因為霸凌而減損。我長大之後讀到柏拉圖、馬可·奧里略的書中，寫到「善人沒有惡處」（柏拉圖《蘇格拉底的申辯》）、「沒有任何人能傷害我」（馬可·奧里略《沉思錄》）這些話的時候，讓我想起這個同學。

當時遭受霸凌的她，比起欺負她的人，看到不願意幫助自己的同學，一定覺得他人並非盟友，自己和任何人都沒有連結，就像一座孤島。一想到這裡，至今仍然讓我覺得很心痛。

我把這件事告訴熟識的好友，他說以前他們班上也有一個女生被霸凌。我問他當時怎麼做，他回答「每天都陪這個女生一起回家」。

我可以想像他這麼做，一定會被霸凌的主謀說些什麼，但他完全沒把這些話放在心上。

他成了那個女生的「盟友」。保護她、陪她一起回家的這位朋友，一定改變了那個女生對他人的看法。原本以為周遭欺負自己的人都是敵人，但因為他的挺身保護，一定讓那個女生確信身邊有「盟友」存在。

被霸凌、被歧視的人也需要支持自己、願意和自己站在一起的人。只要能夠感受到和這樣的人有連結，就會覺得自己歸屬於對方和自己構成的共同體。

我那個被霸凌的同學，如果覺得自己的班級和學校不是唯一的共同體，那麼即便現實中的共同體內沒有盟友，或許她也不會感到孤獨。

不區分他人

接著，我們必須思考，一般而言，人會把他人區分成「盟友」和「敵人」，這真的是理所當然的事嗎？備受父母疼愛，悉心呵護長大的孩子，突然變壞的時候，父親嘆氣說：「不敢相信這是我的兒子。」明明是親生父母，卻無法接受自己的孩子，真的很悲哀。

父母應該只是想要把孩子變壞這件事當成突發事件，但是孩子變壞不能說和父母完全無關。當父母說出「不敢相信這是我的兒子」這句話的時候，以佛教的話來說，就是在劃分孩子了。

《佛說觀無量壽佛經》裡有一段韋提希夫人的故事。夫人和她的丈夫頻婆娑羅王（古印度摩羯陀國王）都是聽從釋迦牟尼教誨的佛教徒，他們的兒子阿闍世王子發動政變，把父母關進大牢。以前和平安穩的家庭，瞬間就崩毀了。

韋提希夫人這樣說：

「吾究竟犯下何罪，以至於產下孽子。」

我以前究竟犯了什麼錯，才會生下這個壞孩子。把深愛孩子稱為「孽子」的韋提希夫人，在佛典中形容她「悲泣雨淚」。

把孩子稱為「孽子」的時候，韋提希夫人就和孩子劃分界線，斷絕親子關係了。孩子變成「孽子」，並不是因為她「以前」犯的錯。而是在孩子出生之後，和孩子之間的關係出現問題。

如果孩子無法成為自己心目中理想的樣子，父母就會在孩子身上貼上「廢物」的標籤，然後把孩子區隔開來。父母這種劃分界線的做法是源頭，後來才輪到孩子出現問題，孩子不會一開始就鬧得天翻地覆。

很多父母會悲嘆說「都是因為我，這孩子才會變成這樣」，碰到這種父母，如果孩子按照期待獲得成功，父母就會認為是自己的功勞。不過，那都是孩子努力獲得的成果，並不是父母的功勞。任何事情都是孩子按照自己的意願選擇，所以認為孩子是受到自己影響變壞或變好的父母就是過度支配孩子了。

另一方面，當孩子發生問題時，驚訝地問「為什麼會做出這種事？」的父母也大錯特錯。父母不會存心把孩子養成「孽子」，一定都希望兒女成為好孩子。儘管如此，把父母對孩子的深遠影響束之高閣，當孩子出問題的時候，就認為那不是自己的孩子。這種做法非常不可取，更不應該把孩子說成

「孽子」。

因為是親子，所以不應該劃分界線。所有的紛爭，都源自於劃分自己與他人的行為，歧視和霸凌、戰爭的源頭，也是源自劃分界線。

阿德勒使用 Mitmenschen 這個詞的時候，並不是在說人與人之間真實的連結。應該是說，人與人之間的連結，並非自動成立。即便孩子讓父母覺得這不是自己的兒子，這種時候父母更不能和孩子劃分界線，而是要認為自己和孩子之間有連結才對。

另外，如果是殺人事件的話，通常會對犯人感到憤怒，但是認為自己絕對不會殺人，而把自己和殺人犯區隔開來，也只會讓相同的事件重演而已。死刑也是一種劃分界線的方式，和要求別人「自己去死一死」一樣。

如果無法認同，在相同的狀況下自己可能也會做出相同的事，就無法理解犯人，也會輕易地就和犯人劃清界線。當然，理解和贊成是兩回事，理解並不代表肯定犯罪。我們應該做的是努力理解，或者試圖去理解罪犯。

認為別人都是敵人，也是在和他人劃清界線的行為。然而，實際上我們很難把他人，尤其是對自己不懷好意、視為仇敵的人當成盟友。即便如此，也不應該自己判定這個人是敵是友。為了把他人視為盟友、認同人與人之間有連結，我們必須刻意做出判斷。要做到這件事的大前提，便是一開始就不能分敵我。

虛偽的連結

另一方面，輕易就和他人完成連結的時候，代表這個連結是虛假的。

譬如丈夫酒精中毒，妻子負責照顧這個丈夫的時候，丈夫沒有妻子的幫助就無法生存，而妻子則是靠幫助丈夫找到自己的生存價值。如此一來就會產生「共依存症」的病態關係。

剛出生的嬰孩都會哭。肚子餓、身體不舒服的時候，除了哭之外沒有別的方法能向父母傳達自己的感受。即便孩子什麼都不說或者沒辦法說，也要隨時觀察孩子有沒有哪裡不對勁。

與其說孩子依賴父母，不如說孩子為了活下去需要父母幫助。覺得難受的時候，父母會安慰自己。

然而，隨著孩子漸漸成長，已經可以自己做到大部分的事，就不需要父母的幫助了。瞭解自己就算覺得痛苦，父母也不能幫忙解決的人，不會一直依賴父母，甚至會覺得依賴父母很不好意思。

當然，也有需要求助的時候。然而，有些人並不是需要幫助，而是因為想受矚目而策動身邊的人。

無法忘懷以前面對困境時溫柔安慰自己的父母，長大成人之後也會需要別人安慰。事實上，如果有人正在受苦，周遭的人就會放不下。

這種時候就轉為依附安慰自己的人。出言安慰的人也會認為，這個人沒有我不行，把對方的依賴當成自己的生存價值。如此一來，兩人之間很容易產生戀愛情感，但這種依賴就是虛偽的連結。

以前有一樁殺人案是邀請別人「一起去死」，結果這個邀請者殺了很多人。然而，像這樣被殺的人，其實根本不想死。那名犯案的男子說：「實際見面之後，發現沒有人真的想自殺。只是太寂寞，想找人聊聊天而已。」

被殺害的那些人，一定是在那個說出「一起去死吧」的犯人身上看到和自己相同的孤獨吧。認為終於有人接納自己的這些人，在對方說「一起死吧，我來幫你」的時候，一定沒辦法拒絕。

認為自己活著沒有意義、覺得自己沒有任何價值的人，在犯人用「一起去死吧」這句話和自己聯絡的時候，就覺得和犯人之間有了連結。然而，這個連結也是虛假的。

儘管把他人當成盟友這件事本身並沒有錯，但釐清對方是什麼樣的人、追求什麼很重要。否則，認為自己沒有價值的話，就很容易被溫柔的言語牽著鼻子走。

前文提到電影中有個女生因為可以取悅男人而從事特種行業，但她的朋友看穿她「只是在依賴他人而已」。

電影裡的女生和這起事件的犧牲者，都不認為原本的自己就有價值。想被支持、被安慰的人也一樣，都認為平凡普通無法被認同。因為不認為原本的自己就有價值，所以想要被別人認同，最後交出對自己來說最重要的性與命。

然而，這麼做絕對無法填滿自己的孤獨感。覺得孤獨的人會追求和別人之間產生連結，但是像這樣建立起來的，只不過是虛假的連結。

從虛假的連結到真正的連結

那麼，不區分他人和自己，又不虛假的真正連結，究竟該是什麼樣子呢？先不說像我同學那樣即便被霸凌也不屈不撓的堅強類型，本來就很懦弱的人該怎麼辦呢？

首先，必須瞭解活著本身就有價值這件事。

即便父母、周遭的大人甚至整個社會都要求你變得特別，這些都與你無關，只要認同自己的價值，度過不屬於任何人的、自己的人生即可。

無法認同自己的價值，或者認為自己沒什麼價值的人，在過去的人生中一定只遇到除非特別否則就不認同自己價值的人。

我不斷重複提到，活著本身就是人生的課題。具體而言，就是和他人共存，在與他人的連結中生存。從活著這件事情中感受到自己的價值，就能擁有與他人連結的勇氣。

然而，在進入與他人的連結之中時，不需要做什麼特別的事。即便有些人會做出讓人頭痛的事，他們其實也是想要和人產生連結。既然如此，就必須瞭解，不這麼做也能和他人產生連結。

這種與人連結的狀態，阿德勒稱為「社群意識」。表達社群意識這個概念的詞有很多個，其中 Mitmenschlichkeit 最能明確傳達阿德勒的意思。

前面我們看過具有「盟友」意義的 Mitmenschen 一詞。Mitmenschlichkeit 則是指「他人是盟友（不是敵人）」、「人與人之間有連結（並非分離）」，而社群意識就是指「能感受到人與人之間的連結」。

阿德勒說，就這個層面的意義來說，社群意識並非與生俱來，而是「必須刻意發展的先天潛能」（《人為什麼罹患精神疾病》）。然而，即便社群意識是潛能，但是否屬於先天性潛能就令人質疑了。因為這種感覺必須刻意發展，不同於呼吸或直立行走這種會自然發展的能力。所以為了讓人認為人與人之間是連結在一起的，就必須刻意地做決定。

阿德勒是在以軍醫的身分參與第一次世界大戰時，想到社群意識這個概念。親眼目睹人互相殺害彼此的阿德勒，眼中看到的應該不是人與人之間的連結，而是互相敵對。

要想到人與人之間有連結，勢必需要跳躍性的思考。對剛才提到的有口吃問題的人，要萌生別人不會嘲笑自己口吃，也需要跳躍性的思考。想通自己不會笑別人結巴，那別人也不會笑自己的時候，他就出現改變了。

找出真正盟友的勇氣

弱者需要別人的力量才能認同自己的價值。然而，這不是指由他人來認同自己的價值，而是這個人必須接受原本的自己才行。透過他人的這種力量，才能讓弱者覺得自己有價值。

要把這個他人當成自己真正的盟友，有時候還是需要他人主動釋出善意。當弱者接收到這份善意時，才能把他人當成自己的盟友（就算不是所有人也無所謂），進而接受原本的自己。

另外，能夠接納自己原本樣貌的人也一樣是盟友。遇到這樣的人，人生就會為之一變。

之前提到那位會口吃的朋友，當他認為自己就算口吃也不會有人嘲笑，也就是能把他人當成盟友的時候，他決定和擦身而過的人打招呼。他對回應他的人，看法也有所改變。

前文寫到因髖關節結核而住院的少年，原本應該也是把別人都當作敵人，但看到家人悉心照料自己，漸漸能把別人當成盟友了。然而，這位少年仍然需要自己判斷，才能認為自己和他人之間有連結。即便看到家人不斷來探望，也不會馬上就發現自己以前的想法不對。或許他一時之間還不敢置信也說不定。

原本以為是敵人的家人，並不是因為他住院才變成盟友，而是在他住院前就一直是盟友，只是自己沒有注意到而已。只要他原本就有想要和家人連結的意願，要改變對他人的看法並不會太困難。當他發現這一點的時候，等於他的家人給了他勇氣，讓他走入家人以及家人以外的人際關係之中。

另外，別人說的話，會因為每個人的看法不同而產生不同的意義。有時候對方明明沒有惡意，但自己偏要往壞處想，甚至為此氣了很久。我自己也有這樣的經驗。

母親過世之後，我和父親一起生活了一段時間。我當時二十五歲，在那之前從來沒有自己做過菜。剛開始一直吃外食，後來就漸漸膩了。爸爸某天這樣說：「得有人做菜才行。」說這句話的父親並沒有要動手做的意思，所以我覺得他的意思就是要我做。因此，我買了一大堆食譜書，開始學做菜。

某天，我做了一道咖哩。我參考的書裡面，有一本書叫做《男人的料理》，書中的做法從製作咖哩粉開始。用小火翻炒麵粉避免燒焦，洋蔥也一樣要炒到金黃色，但又不能燒焦。

父親剛好在咖哩做好的時候回來，吃了我花三個小時製作的咖哩。他只說了一句：「以後不要再做了。」

現在回想起來，父親應該不只說了這句話才對，而且我花了十年的時間，才發現父親這句話並沒有惡意。我當時覺得，自己花了三個小時做，換來父親的一句「以後不要再做了」實在很過分，再也沒有比這種話更讓人挫敗了。做咖哩的時候，我還是個研究生，我一直以為父親是因為咖哩太難吃，所以才說出「以後不要再做了」這種話，但花了十年的時間，我才想通，父親的意思應該是這樣：

「你還是學生吧，是學生就得讀書，所以不要再做這麼費工的料理了。」

如何看待對方的言行舉止，應該是很主觀的事情，即便對方說相同的話，只要自己對對方抱持善意，從過往說的話判斷對方是盟友的話，即便聽到很傷人的話，也會思考對方是不是有什麼意圖。

另一方面，如果沒有把對方當成盟友，無論對方做什麼，都會認為對方心懷惡意。我和父親之間的關係變好時，我才能聽出父親話中的不同涵意。或者應該是說我和父親之間的關係和以前不一樣，所以我才變得能從不一樣的角度解釋父親的話。

我至今仍然認為父親那句「以後不要再做了」的解釋應該沒有錯，但我某天突然想到，父親想傳達的說不定和我想的完全不一樣。我毫不懷疑地把父親那句「得有人做菜才行」，解釋成「你來做吧」，而且非常努力地開始每天做菜。但是，如果當時我只是左耳進右耳出，之後也繼續外食，父親應該也不會有什麼不滿。除此之外，做菜也只要做一般的料理就好。然而，我卻覺得要特別才行，只有這樣才能讓父親接受。或者是當時我明明無法做到，卻想著要和擅長料理的母親一較高下。

母親也接納了我。年輕的時候，我給自己很低的評價。然而，在母親去世後好幾年的某天，我突然想起她。無論我是什麼樣的人，母親總是無條件地接納我，即便不特別，也能接納我原本的樣子。

作家金衍洙得到文學獎的時候，身為朝鮮戰爭參戰勇士的父親在胸口別上勳章出席頒獎典禮，驕傲地告訴大家：「這是我兒子。」（《青春的文章+》〔『청춘의 문장들+』〕）我讀到這一段的時候，想起分開生活的父親來我家的時候，總是在電車上看我寫的書。後來把罹患失智症的父親接回老家照顧的時候，他也非常寶貝地從以前住的地方把我的著作搬回來。

父親生病之後，我才知道他就像金衍洙的父親一樣，會跟周圍的人炫耀我這個兒子。

我一直覺得父親不怎麼疼愛我，但是當我自己的孩子出生時，我才覺得父親應該和現在的我有一樣的心情才對。我一直覺得和父親之間的關係很差，但父親從很久以前就一直接納我原本的樣子。

對那些想在別人面前好好表現，所以努力讓自己變得特別的人來說，能接納自己真面目的人，才是真正的盟友。遇見這樣的人，能夠瞭解不必特別也無所謂，只要保持自己原本的樣子就好，而這一點也會成為在痛苦人生中找到喜悅的突破口。

從他人身上獲得幫助

不必覺得無論何時都要靠自己解決任何課題。

在孩子會走路之前，大人的確不能一直握著孩子的手。孩子有時候可能會跌倒或受傷。這種時候，大人必須隔著一段距離守護孩子。

然而，當孩子想站起來的時候，即便大人伸手去扶，也不會妨礙孩子的獨立自主。即便是大人，有時也有需要別人幫忙起身或走路，這種時候周遭的人伸出援手，並不會妨礙這個人的獨立自主。

被照顧、照護的時候也一樣。幫助別人的一方會因此有所貢獻，所以必要的時候隨時都可以尋求幫助。

最重要的是心靈的獨立自主。只要生存的態度獨立自主，而不是依賴他人，在行動上如果有需要，請求他人的幫助也無所謂。

人只要活著，就會給他人添麻煩，所以不需要把尋求幫助想成是在給別人添麻煩。大家都是彼此彼此而已，在自己能夠幫助別人的時候，去幫助需要幫助的人就好。除此之外，也不用因為自己接受幫助，而在恢復健康之後就想著要回饋。

想要回饋自己受到的幫助時，也不要想著回饋當初幫助自己的人。實際上，孩子從父母那裡受到的幫助，也無法全都回饋給父母，只要回饋給自己的孩子或社會即可。

尋求幫助需要跨出一步的勇氣，試著自己跨出一步會發生什麼事呢？

我曾經遇過這樣的事。我和父親之間的關係，並不是從小到大都很好。小學的時候曾經被父親揍過。我現在已經想不起來，平常敦厚的父親為什麼會那麼激動。我應該做了什麼讓父親非常生氣的事吧，我嚇得鑽進桌子底下，父親把我拖出來繼續打。

研究所畢業之後，我一直沒去工作，父親覺得這樣不好。應該是說，對一畢業就馬上去工作的父親而言，我的人生已經超越他能夠理解的範圍。

母親年紀輕輕就去世，有一陣子是我們父子一起生活，光是待在同一個空間，氣氛就會凝結。以前母親很瞭解我，在我和父親之間就像一堵防護牆一樣。但母親已經過世，我不得不和父親直接對峙。

後來我結了婚，開始我和妻子、父親的三人生活。然而，原本以為這樣的日子會一直持續下去的時候，已經退休的父親在某公司的委託下，為了工作而離開這個家。
不知道是不是分開生活的關係，我和父親之間的關係漸漸改善。儘管如此，剛開始的時候，中元節和過年等節日，父親回來的時候我就會很緊張。
十年過去了，父親離開退休後再繼續工作的那間公司，再度回到家鄉，但是他沒有選擇和我們一起住，而是一個人獨居。
某天，父親打電話給我。
「我想去你那裡諮商。」
事情來得太突然，我嚇了一跳。
一般來說，是不能接受父母諮商的。不過，我也沒有理由拒絕父親，所以每個月會和父親安排一次對談。
父親雖然有熟識的老朋友，但不知道是不是對朋友說不出口，還是知道我在做諮商的工作，所以才來找我。不過，我想原因應該是後者吧。
諮商的內容是在談住在父親家附近的妹妹、妹夫和孫子們的事情。辭掉工作的父親沒有選擇住在我家，而是在妹妹家附近住下來，是因為他想幫忙當時因生病而身體孱弱的妹妹。這件事我也是和父親見面的時候第一次聽到。

每個人都戴著「角色」這個面具生存。英語中指「人」的單字person，語源來自意指「面具」的拉丁文persona。當雙方處得不好的時候，改善關係的方法之一就是其中一人要卸下面具。

其中一方不主動靠近的話，永遠都無法改變彼此的關係。像我和父親，就是父親先卸下面具，他卸下「父親」這個面具，對我表明人際關係上的煩惱。此時，父親是以一個人的立場面對我，因此，我才能夠以一個人的角度傾聽。從那個時候開始，我和父親的關係大幅改善。

父親主動說想要接受諮商，藉此拉近和我之間的距離，他當時的些微勇氣，大大改變了我和父親之間的關係。克服長年以來的不合，我和父親成為盟友。

從我諮商的經驗看來，男性不太會來接受諮商，或許有人會覺得「為什麼我要聽你的話」，也有人不想在別人面前示弱吧。我也見過認為無論發生什麼事都要自己想辦法的人，一直忍耐、忍耐，某天，突然就沒辦法去上班了。

對於想不開到有輕生念頭的人來說，會不會想要向外求助常大幅影響生死。因此，我希望大家都有在必要時向他人求助的勇氣。很多人認為，求助就是示弱，然而，求助絕對不代表脆弱。

雖然也有厚顏無恥的人會因為將來的升遷而對舞弊的行為放水或者說出虛假的證詞，但也有人不想這麼做，認為不應該這麼做，卻被迫配合舞弊，然後因此受到良心苛責。

也有這種情況——猜測上司的心意、假裝沒看到舞弊這件事，就代表自己也是共犯，當舞弊的事情被發現，上司反倒說自己沒有下過命令而推卸責任，最後只有屬下要承擔。

上司覺得自己一定能推得乾淨，所以一點也不糾結。然而，屬下如果不說實話，自己就得背黑鍋。

在對方把生活當成威脅的狀況下，要告發舞弊其實很困難。但是，絕對不能因為任何人都會碰到這種狀況，就對上司唯命是從。曾經有公務員留下遺書自殺，遺書的內容提到他在財務省的指示下被迫竄改批准文件。他似乎沒辦法和任何人商量。一想到有人完全不受良心苛責，靠虛假的答辯順利升遷，就覺得擁有強烈正義感的人竟然落得這種下場，實在太不合理了。

我希望大家越是在這種時候，越不要孤立自己，一定要向他人求救。覺得被迫做的事情很奇怪的絕對不是只有自己而已，只要把自己現在的困境告訴盟友，一定會有人能幫忙才對。我希望大家都能這樣想，然後產生求助的勇氣。即便對自己過去的所作所為感到後悔，甚至絕望到覺得自己不能再活下去，以後也一定能從頭來過。說出真相或許會對自己不利，但人一旦死了就什麼都沒了。因為只為自己著想的那些人，根本不會因為你的死而痛改前非。

碰到侵害人類尊嚴、人格獨立性的職權騷擾、性騷擾時也不能默不作聲。這個時候也必須向他人求助。

三木清說過：

「所有人類的惡，都源自於無法孤獨。」（《人生論筆記》）

實際上碰到上述狀況的時候，很多人都會察言觀色。沒有人對上司的舞弊提出抗議時，會害怕自己出聲破壞職場的和平，也害怕因此被孤立，所以乾脆選擇沉默。如果因為害怕孤立，什麼都不說的話，職場上的「惡」就會蔓延開來。

然而，下定決心孤獨的時候，人反而不會孤獨，因為你一定會有想法一致的盟友。

人都有必須依賴別人才能活下去的時候，滑翔機要起飛的時候，必須由其他飛機牽引，飛上天空之後才切斷鋼絲滑翔，就算早晚都要獨立自主，也不是一開始就能自己飛。

為了打造一個求助也不會被當成在示弱的社會，每個人都要懂得在必要的時候求助。這和依賴不一樣。不同於把依賴他人生存視為理所當然的人，必要時求助的人會在求助前就已經把能做的事情都做了，即便這樣，也有做不到的事。自己能做到的事情就自己來，若是自己辦不到的事情，求助他人也沒關係。

具體的行動方針是這樣的：自己盡量不向他人求助。另一方面，如果別人向自己求助，就要盡量幫忙。

如果是自己能做的事情就自己做的人，在必要的時候求助也沒關係。不會有人拒絕幫助你。只要進入這種人際關係之中，就能感受到他人就是自己的盟友。

因為心肌梗塞住院的隔年，我動了心臟繞道手術。這是需要停止心跳，裝上人工呼吸器後，接上血管橋的大手術。手術時切開了胸骨，為了保護用鋼絲縫合的傷痕，必須在胸部纏上繃帶。

出院後，外出時必須搭上擠滿人的電車，我覺得很難受，希望有人能讓位給我。當時是夏天，原本直接纏在皮膚的繃帶改纏在衣服上，但即便有人注意到胸口的繃帶，也沒人知道那是什麼，所以也沒有人願意讓位給我。

看起來明明就沒有哪裡不方便，如果說「希望你讓位給我」不知道對方會怎麼想，所以我沒說出口。然而，不用仔細想也應該知道，如果立場對調，有人希望我讓位的話，我應該不會問理由就把座位讓給對方。

第八章

活在當下

人生は苦である、でも死んではいけない

現在就「在」這裡

把以上的想法整理一下，其實就是這樣：下面的每一列，都是為了好好活下去的指標。

希望／期待

幸福／成功

存在／過程

現在／未來

現狀／即將成為

質化／量化

Energeia（活動）／Kinesis（運動）

即便一直期待的事情沒有實現，也絕對不會消失的希望才是「真正的希望」。

三木清把幸福和成功拿來比較，但嚴格來說，幸福才是終極目標，成功只是幸福的一種手段而已。另一方面，幸福並不是非得追求不可的東西，而是人類與生俱來的願望。

成功有可能會讓人幸福，但問題在於人知不知道成功其實只是幸福的手段。很多人的希望（嚴格來說是期待），就是三木清比喻時提到的成功。考上好大學、到好公司上班、和條件好的人結婚，就像升職一樣一步一步往上走。然而，人只要成功就能幸福嗎？不成功難道就不幸嗎？那可不一定。

三木清認為幸福就是存在，成功只是過程，無論成功還是失敗，人都是幸福的。

成功必須等實現未來的目標才能獲得，但幸福不是「變化」，而是你當下（現在）就「已經」很幸福。成功是普遍可量化的東西，但幸福則具有質化特性，而且「每個人都有自己的原創性」，所以他人可能無法理解。

如前文所述，Kinesis（運動）是從起點到終點的運動。這種運動必須有效率，而且如果中途停止，該運動就不完整。然而，活著並非 Kinesis（運動），而是 Energeia（活動）。沒有非得要抵達什麼地方才行。即便活著這件事突然停止，也不代表停在半路上。活著並不是朝向某個目的地前進，目的地就「存在於」活著這段時間內，也就是說，活著本身就是你的目的地。

三木認為幸福就是存在，意思就是說不需要達成任何事情，人就已經很幸福。不需要去任何地方，也不需要做任何事，就表示人生不需要像Kinesis（運動）那樣朝某個目標前進，而是以Energeia（活動）的觀點活著即可。

人生的決斷

活著不需要朝某個目標前進，但是，人只要活著，就必須不斷面臨選擇。

前文提到有人曾經選擇不要繼承從祖父那一代就傳下來的醫院，除了他之外，我曾經幫另一個認為自己沒有繼承家業就會對不起父母的人諮詢。當時，我告訴他：沒有什麼工作是非得由你來做的，就算父母很傷心，也只能由父母自己處理這種情緒，你無法幫忙。況且，這是你的人生，完全不需要勉強自己去想做的事。

即便我這麼說，顧慮父母的人還是認為沒有繼承家業是不好的。

不過，即便是會因為家業而躊躇不決的人，在我問到「如果你有喜歡的人，但父母反對，你會放棄喜歡的人，跑去和父母選定的對象結婚嗎？」這個問題的時候，他說絕對不會。

然而，也有年輕人遭到父母反對就放棄，即便有喜歡的人，也會因為不想讓父母難過而放棄結婚。他們認為，如果父母因此變得不幸，就算自己和喜歡的人結婚也沒有意義。

這樣的年輕人的確很顧慮父母、個性溫柔，可是如果不能為自己而活，那到底要為誰而活呢？為父母而活嗎？

如果要做到自己的人生自己選擇，而不是交給父母或其他人，那麼就要好好思考以何為基準才能做出最佳選擇。反對孩子結婚的父母，其實也不知道這個基準是什麼。

選擇的目標是幸福，但「成功是幸福的手段、把成功當成幸福」，可以說是每個時代的常識。

為了成功，人必須達成某件事，以成功為目標生存，目標就永遠都在前方。

另一方面，幸福不在遠處，就在當下。

我曾經在報紙上讀過一則新聞，有一位年輕人在東日本大地震的時候被海嘯沖走，後來倖存下來。那位年輕人在生還後兩個月，待生活已經逐漸恢復安穩的時候，他開始把注意力放在未來。

「既然什麼時候都有可能會死，那就要珍惜每一天。既然要活，就要為他人而活。」

他有這樣的想法之後，想到自己應該要從事可以拯救人命的醫療工作。他表示自己打算考藥學系的時候，周遭的人都因為經濟因素反對。升學補習班因為他的學習成績不佳而拒絕他報名，然而，他仍然繼續讀書，考上當地大學的藥學系，甚至通過國家考試，到大學醫院工作。

「以前的我可能在那天就已經死了，現在的我已經重生了。」

這位年輕人「想為別人而活」的想法，就是把注意力放在別人身上，而不是自己。

某天，有人在車站拍了拍我的肩膀。抬頭一看，發現是個不認識的年輕人。我瞬間繃緊神經，那位年輕人則對我說：「我是×××。」原來我是他小學時的家教老師，我也回想起他小學時的樣子。

我們聊了一會兒，他母親很年輕就因為腦瘤去世，母親住院的時候，承蒙放射線技師的照顧，所以他也想成為放射線技師。為此，雖然他就讀升學高中，但沒有打算考大學，反而選擇能夠考取放射線技師執照的專門學校，他想治療像他母親那樣的病患。

雖然不是每個人都會做出像這兩個年輕人一樣的決定，但是這樣的案例顯示出在做人生抉擇的時候，有什麼樣的明確基準。

這個基準其實就是為他人貢獻。為了他人的幸福，自己能做些什麼。過去只關心自己，今後懂得關心別人。

人不可能一個人獨活，無論是嬰幼兒時期還是變成大人，都需要靠別人的力量才能生存。發現這一點的人，就會想要回報。想成為放射線技師的年輕人，想透過自己成為技師，回報當初母親受到的恩惠。當自己意會到他人的幫助時，他人就是自己的盟友。

然而，這裡所說的貢獻，並不是一定要成為什麼樣的人物或者一定要做什麼事。如同前面的文章中不斷強調的，人只要活著，而且是用自己原本的樣貌活著，就已經是對他人的貢獻。

自己活著這件事對他人來說就是一種喜悅和貢獻，這一點也會連結到他人的幸福。

一個人的力量很龐大，不需要做什麼特別的事情，人也能改變自己所屬的共同體。

人身處於與他人的連結之中，並不是指人原本生活在連結之外，後來才加入連結內，而是人赫然發現原來自己一直都生活在與他人的連結之中。

除此之外，後來才加入原本就已經存在的共同體時，必須要知道自己的加入，可能會造成共同體的轉變。

認為自己在共同體中沒有一席之地的人，應該很難認同這樣的觀點。不過，人真的能夠影響他人，既然他人能影響自己，自己就勢必能影響他人。

最小的共同體由「我」和「你」組成，我和你相遇之前，這個共同體並不存在，其他的共同體基本上也一樣。我歸屬於這個共同體，就會讓這個共同體和沒有我的共同體產生不同。

人就是像這樣在與他人的連結中生存，只要活著就一定會影響他人，也對他人有所貢獻。剛出生沒多久的孩子，即便什麼都不做，只要活著對大人來說就是一種喜悅，無論是誰只要活著就是一種貢獻。

既然如此，當你發現過去做了錯誤的選擇時，該怎麼辦才好呢？自己其實有想做的事，但是因為父母反對，在父母的建議下選擇了其他的路，就算在外人看來這個選擇沒有不對，但自己心裡無法接受就沒有意義。

如果可以的話，應該要在父母阻攔自己的時候，就說清楚：這是我自己的人生，請讓我自己決定。然而，實際上當時什麼都說不出口，只能按照父母的想法做的話，那就沒辦法了，只能思考接下來該怎麼辦。

現在開始尋找可以選擇的選項也是其中一種方法，任何時候做決定都不會太遲。而且，也不是只能選一次，你隨時都可以重新來過。

發現按照父母建議做出的決定是錯誤的，但之後仍然順從父母活下去，那就不是自己的人生了。如果不能過自己的人生，那你到底要過誰的人生呢？即便之前一直都是按照父母安排生活，只要現在開始決定度過自己的人生，而非按照父母安排就好。

很多父母都會期待孩子成功，因此，會去干涉孩子找工作或者孩子的結婚對象。這種時候，即便會和父母爭吵，仍然堅持自己的選擇，讓父母事後想起來反倒認為「還好那時候沒有反對到底」，父母一定也會覺得開心吧。

有個年輕人說父母反對他和自己喜歡的人結婚，我告訴他：你的婚姻要讓他們以後覺得「還好當初沒讓那孩子放棄結婚」，這樣才是真正的孝順。

說到底，在對自己的人生做選擇時，父母難過或開心，孝順或不孝順之類的事情，基本上都跟你沒有關係。因為孩子並不是為了滿足父母期待而生，孩子是為了度過自己的人生而生。

面對人生最重大的決定，可以像這樣思考。我之前已經寫過其中一種方法，就是瞭解自己的存在就是對他人的貢獻。只要做到這一點，同時也能瞭解自己與他人之前有所連結。要瞭解這一點有時候並不容易，但是你必須刻意做到不讓他人和自己劃分界線，自己也和他人劃分界線才行。而且，能夠在意識到「活著就是對他人的貢獻」的狀態下生存，就表示你已經超越活著，來到「活得很好」的境界。

再來就是不要把成功當成人生的目標，即便沒有完成什麼特別的事情，活著本身就已經對他人有所貢獻。

另外，即便能夠用這樣的想法做決定，不執著於眼前的決定也很重要，因為對他人有貢獻和幸福的路不只有一條。

樂觀主義

第二次世界大戰時，德國達豪有一個猶太人的集中營。阿德勒的弟子法勞被送到這個集中營的時候，告訴集中營裡的人以前曾經從阿德勒那裡聽到的一個故事：

兩隻青蛙在牛奶壺的壺口跳來跳去、打打鬧鬧。因為玩得太入神，兩隻青蛙都掉到牛奶壺裡了。

這兩隻青蛙面對的現實就是掉到牛奶壺裡，牠們都無法忽視這個現實。既然已經掉進去了，再怎麼後悔都沒有用，只能在這個現況中思考能做什麼。

其中一隻青蛙剛開始還會一直踢腿，但後來覺得已經沒救所以放棄了。雖然一直呱呱叫，但實際上什麼也沒做，所以最後就溺死了。

另一隻青蛙拚命踢腿游泳，雖然不知道該怎麼辦，但是覺得總得做些什麼才行，所以牠想到自己可以活動自己的腿。

結果，牛奶出乎意料地凝固了。牛奶成了奶油。因此，那隻青蛙踩著奶油跳到壺外活了下來。（Manaster, Guy et al.eds. Alfred Adler: As We Remember Him）。

前面那隻青蛙是悲觀主義者，牠很快就放棄，什麼也沒做。阿德勒曾說：心想「反正也不會有結果」而放棄的悲觀主義者，缺乏面對現況的勇氣。（《阿德勒心理學講義》）

後面那隻青蛙則是樂觀主義者，樂觀主義的青蛙怎麼做呢？牠選擇從現實出發，即便在當下的現實中不知道會有什麼結果，還是想著要做點什麼才行。

這個青蛙的故事，讓達豪集中營裡了無生氣的許多人振奮精神，即便很多人都被送到毒氣室再也沒回來也一樣，甚至有很多人在被送進毒氣室前，仍然精神奕奕。

我在故事裡多加一隻沒獲救的青蛙吧，這隻青蛙在掉進牛奶壺之後採取的行動和其他青蛙不同，牠認為一定會有人來拯救自己，期待著就算自己什麼都不做，也會出現奇蹟讓自己脫離困境。心裡想著一定會有辦法，所以什麼都不做，結果，沒有人來救牠。沒有發生奇蹟，牠就這樣溺死了。

青蛙覺得總會有辦法，所以什麼都沒做，從這個層面來看，牠就跟那隻覺得「反正也不會有結果」所以什麼都沒做的悲觀主義蛙一樣。

我把這隻青蛙歸類為「樂天主義者」。樂天主義和剛才的樂觀主義不一樣，英文都寫作 optimism，本來是沒什麼不同的。然而，認為總會有辦法，實際上什麼也沒做的樂天主義，必須和能做就盡量做的樂觀主義分開來看。

人類也像掉進牛奶壺的青蛙，沒辦法無視現實。然而，人不能放棄，也無法期待某種超越自我的力量會幫助自己所以什麼都不做，只能盡力去做自己力所能及的事。

結語

某天，我走在路上，有人叫住我。剛開始我沒有馬上想起對方，因為我們已經超過十年沒有見面了。

聊了一會兒之後，才知道對方的孩子去年突然離世，我嚇了一跳，想起以前他曾經因為孩子的事情而傷透心。聽到突然離世這個詞，我實在沒辦法追問到底怎麼了。

我想像在那之後的他，會有什麼心情。

他去世的女兒和我的兒子同齡，他一定很遺憾吧。

我經常和孩子早逝的父母談話。我沒辦法鼓勵這些父母，只能和這些沉浸在孩子死去的悲痛之中，久久無法重振精神的人一起分擔悲傷。

見到這個人的隔天，我去參加一個關於年輕人自殺的研討會，在大學生一起參加的座談會之前進行專題演講。主題是「擺脫活著的痛苦」。有人因為各種原因感受到活著很痛苦，決定走上絕路，這真的很令人心痛。

我先談到自殺的人看到的和沒看到的事情，他們看到的人生目標，並不是考上好學校、在好公司工作、獲得高收入那樣的成功。現在認為那些事情沒有價值的人越來越多，但是這樣的想法仍然被當作是常識，父母仍然期待孩子會成功。

如果認為自己應該順應父母和他人的期待，也覺得自己應該要變成那個樣子，當「理想」與「現實」中的自己差距越大，人生就會越苦。

然而，他們只知道人生的目標「不是」成功，卻不知道什麼可以當成自己人生的目標。把「成功就是人生目標」當成常識的父母也不知道其價值。

孩子早逝的父母，一定都會這麼想：

「如果知道會這麼早就生死相隔，為什麼當初沒有讓孩子去做他想做的事呢？」

父母一般都不會這麼做，而是會說「現在還太早了」，認為應該要阻止孩子做想做的事。

如果不是成功的話，那人生的目標究竟是什麼？答案是幸福。想要成功就必須達成某件事。然而，我們不需要達成什麼，只要保持自己原本的樣子，每個人就都能擁有幸福。

我曾在電視上看到一位七十幾歲的男性，談到最近妻子亡故的事情。從他說出「工作什麼的，一點都不重要」這句話，就知道他深愛著妻子。應該會有人認為，不工作就無法生活，但是和深愛的家人死別之後，才會知道人生中真正應該重視的是什麼。那絕對不是成功，就算什麼也不做，只要擁有現在能在一起的幸福，其他都不重要了。

接著，我在那天的演講中還提到，人都活在與他人的連結之中，而他人就是自己的盟友。

不僅限於年輕人，無論是誰的死亡，都代表自己的死亡。這句話的意思是人都活在與他人的連結之中，他人就是自己的一部分。因此，亡者和自己越親近，失落感就越重，甚至有人會覺得和自己死亡一樣。

有個學生在自己的朋友過世之後，才發現朋友的存在，對自己來說多麼重要。走上絕路的人沒有看見自己的存在對別人來說有多重要，還留在世上的生者會有強烈的感受，但我多麼希望亡者在活著的時候就能了解這一點。

我希望大家能了解，在有需要的時候，他人是會幫助自己的盟友。只要這麼想，在你有需要的時候就能夠向他人求助。對那些想不開到有輕生念頭的人來說，有沒有向外求助的想法足以決定生死。

演講中提到的第三件事，就是要活在「當下」。

有人年紀輕輕就開始生涯規劃，那樣的人會覺得好像可以看到往後的人生。不過，一般來說都是以成功為目標在規劃人生。想要成功，人就必須達成某件事。譬如考上好學校、進好公司工作。

然而，目標不見得能達成。說不可能達成也不算言過其實。沒有達成目標或者認為自己再怎麼努力也不能做到的人就會絕望。

如果不想對自己的人生絕望，其中一個方法就是不要把成功當作人生的目標。

另一個方法則是不要把人生當成從出生到死亡的直線。如果把活著這件事比喻成跳舞，那人生看起來就會截然不同。沒有人跳舞是為了要去某個地方，如果只是要前往目的地的話，根本不需要跳舞。跳舞的當下就很愉快，音樂停下來的時候，舞蹈也跟著結束，但是無論停在什麼地方，都不代表停在「半路上」。

不要把人生當作從過去、現在到未來的一條直線，而是要活在「當下」。即便任何人都逃不過一死，死亡也不是人生的目的地。

為了做到這一點，就必須放下過去。即便有無法忘懷或者不能忘記的過去，為了活下去也只能刻意放下。如果現在活著很痛苦的原因歸咎於過去的經歷，那就只能回到過去從頭來過——但實際上又不可能這麼做——那今後就只能繼續在痛苦中活著。然而，只要放下過去，任何時候都可以重新開始你的人生。

除此之外，也要放下未來。未來不是「還沒來」，而是「不存在」。畢竟人生不是有腳本的一場戲，對不存在的未來感到不安也沒有意義。

即便之前的人生多麼痛苦，也不能斷定往後的人生也會一樣苦。當然，也不能斷定以後會更輕鬆。因為活著不是「有苦就有樂」，而是「活著本來就很苦」。

即便如此，我們還是要活下去。

參考文獻

- Adler, Alfred."Über den Ursprung des Strebens nach Überlegenheit und des Gemeinschaftsgefühls," Internationale Zeitschrift für Individualpsychologie, 11, Jahr.1933（Adler, Alfred. Psychotherapie und Erziehung Band III）, Fischer Taschenbuch Verlag, 1983 （Original： 1964）.
- Adler, Alfred.Adler Speaks： The Lectures of Alfred Adler, Stone, Mark and Drescher, Karen eds., iUniverse, Inc., 2004.
- Antonius, Marcus Aurelius.Ad Se Ipsum Libri XII, Dalfen, Joachim, ed., BSB B.G.Teubner Verlagsgesellschaft, 1987.
- Burnet, J. ed.Platonis Opera, 5 vols., Oxford University Press, 1899-1906.
- Manaster, Guy et al. eds.Alfred Adler： As We Remember Him, North American Society of Adlerian Psychology, 1977.
- Rilke, Rainer Maria.Die Aufzeichnungen des Malte Laurids Brigge, Suhrkamp Verlag, 1973.
- Rilke, Rainer Maria.Briefe an einen jungen Dichter, Insel Verlag, 1975.
- Ross, W.D. Aristotle's Metaphysics, Oxford University Press, 1948.

- Sicher, Lydia. The Collected Works of Lydia Sicher： Adlerian Perspective, Davidson, Adele ed., QED Press, 1991.
- 김연수『청춘의 문장들+』마음산책、2014
- アドラー、アルフレッド『生きる意味を求めて』岸見一郎訳、アルテ、二〇〇七年
- アドラー、アルフレッド『教育困難な子どもたち』岸見一郎訳、アルテ、二〇〇八年
- アドラー、アルフレッド『人間知の心理学』岸見一郎訳、アルテ、二〇〇八年
- アドラー、アルフレッド『性格の心理学』岸見一郎訳、アルテ、二〇〇九年
- アドラー、アルフレッド『人生の意味の心理学（上）』岸見一郎訳、アルテ、二〇一〇年
- アドラー、アルフレッド『人生の意味の心理学（下）』岸見一郎訳、アルテ、二〇一〇年
- アドラー、アルフレッド『個人心理学講義』岸見一郎訳、アルテ、二〇一二年
- アドラー、アルフレッド『人はなぜ神経症になるのか』岸見一郎訳、アルテ、二〇一四年
- 伊坂幸太郎『死神の浮力』文藝春秋、二〇一三年
- 石田衣良『美丘』KADOKAWA、二〇〇九年
- エックハルト『エックハルト説教集』田島照久編訳、岩波書店、一九九〇年
- エピクロス『エピクロス　教説と手紙』出隆・岩崎允胤訳、岩波書店、一九五九年
- 加藤周一『羊の歌』岩波書店、一九六八年

・加藤周一『続　羊の歌』岩波書店、一九六八年
・神谷美恵子『神谷美恵子日記』KADOKAWA、二〇〇二年
・神谷美恵子『生きがいについて』みすず書房、二〇〇四年
・キケロー『老年について』中務哲郎訳、岩波書店、二〇〇四年
・岸見一郎『アドラー心理学入門』ＫＫベストセラーズ、一九九九年
・岸見一郎・古賀史健『嫌われる勇気』ダイヤモンド社、二〇一三年
・岸見一郎『生きづらさからの脱却』筑摩書房、二〇一五年
・岸見一郎『老いた親を愛せますか？』幻冬舎、二〇一五年
・岸見一郎『三木清『人生論ノート』を読む』白澤社、二〇一六年
・岸見一郎・古賀史健『幸せになる勇気』ダイヤモンド社、二〇一六年
・岸見一郎『幸福の哲学』講談社、二〇一七年
・岸見一郎『三木清『人生論ノート』』ＮＨＫ出版、二〇一七年
・岸見一郎『希望について　続・三木清『人生論ノート』を読む』白澤社、二〇一七年
・岸見一郎『アドラー　人生の意味の心理学』ＮＨＫ出版、二〇一八年
・岸見一郎『愛とためらいの哲学』ＰＨＰ研究所、二〇一八年
・岸見一郎『老いる勇気』ＰＨＰ研究所、二〇一八年

・岸見一郎『シリーズ世界の思想　プラトン　ソクラテスの弁明』KADOKAWA、二〇一八年
・岸見一郎『成功ではなく、幸福について語ろう』幻冬舎、二〇一八年
・岸見一郎『マルクス・アウレリウス『自省録』』NHK出版、二〇一九年
・岸見一郎『本をどう読むか』ポプラ社、二〇一九年
・岸見一郎『定年をどう生きるか』SBクリエイティブ、二〇一九年
・岸見一郎『「今、ここ」にある幸福』清流出版、二〇一九年
・クリシュナムルティ『子供たちとの対話』藤仲孝司訳、平河出版社、一九九二年
・ゲイ、ピーター『フロイト2』鈴木晶訳、みすず書房、二〇〇四年
・重松清『その日のまえに』文藝春秋、二〇〇八年
・ソポクレス「コロノスのオイディプス」高津春繁訳、『ギリシア悲劇全集　第二巻』所収、人文書院、一九六〇年
・高山文彦『父を葬おくる』幻戯書房、二〇〇九年
・太宰治『二十世紀旗手』新潮社、二〇〇三年
・多田富雄『寡黙なる巨人』集英社、二〇〇七年
・辻邦生『薔薇の沈黙』筑摩書房、二〇〇〇年
・辻邦生『言葉の箱』中央公論新社、二〇〇四年

・鶴見俊輔『鶴見俊輔　いつも新しい思想家』河出書房新社、二〇〇八年
・ドストエフスキー『白痴（上）』木村浩訳、新潮社、一九七一年
・藤澤令夫『藤澤令夫著作集Ⅱ』岩波書店、二〇〇〇年
・藤澤令夫『藤澤令夫著作集Ⅴ』岩波書店、二〇〇一年
・フランクル、ヴィクトール『夜と霧』霜山徳爾訳、みすず書房、一九八五年
・フランクル、ヴィクトール『それでも人生にイエスと言う』山田邦男・松田美佳訳、春秋社、一九九三年
・北條民雄『いのちの初夜』角川書店、一九五五年
・三木清『人生論ノート』新潮社、一九五四年
・三木清『三木清全集』岩波書店、一九六六〜一九六八年
・三木清「語られざる哲学」、『人生論ノート　他二篇』KADOKAWA、二〇一七年
・八木誠一『ほんとうの生き方を求めて』講談社、一九八五年
・尹東柱『尹東柱詩集　空と風と星と詩』金時鐘編訳、岩波書店、二〇一二年
・リルケ『マルテの手記』大山定一訳、新潮社、一九五三年
・ロス、フィリップ『父の遺産』柴田元幸訳、集英社、一九九三年
・和辻哲郎『風土』岩波書店、一九七九年

・『ブッダのことば　スッタニパータ』中村元訳、岩波書店、一九五八年
・『ブッダの真理のことば　感興のことば』中村元訳、岩波書店、一九七八年
・『ブッダ最後の旅　大パリニッバーナ経』中村元訳、岩波書店、一九八〇年
・『尼僧の告白　テーリーガーター』中村元訳、岩波書店、一九八二年
・『聖書』新共同訳、日本聖書協会、一九八九年
・月刊『創』編集部編『開けられたパンドラの箱』創出版、二〇一八年

國家圖書館出版品預行編目資料

人生雖苦，但還是值得活下去 / 岸見一郎著；涂紋凰譯--初版.--臺北市：平安文化, 2021.8 面；公分.--(平安叢書;第691種)(UPWARD;120)
譯自：人生は苦である、でも死んではいけない
ISBN 978-986-5596-32-3 (平裝)

1.人生哲學

191 110010986

平安叢書第0691種
UPWARD 120

人生雖苦，但還是值得活下去

人生は苦である、でも死んではいけない

作　　者—岸見一郎
譯　　者—涂紋凰
發 行 人—平雲
出版發行—平安文化有限公司
台北市敦化北路120巷50號
電話◎02-27168888
郵撥帳號◎18420815號
皇冠出版社(香港)有限公司
香港銅鑼灣道180號百樂商業中心
19字樓1903室
電話◎2529-1778　傳真◎2527-0904
總 編 輯—龔橞甄
責任編輯—蔡維鋼
美術設計—謝佳穎
著作完成日期—2020年
初版一刷日期—2021年8月

法律顧問—王惠光律師

讀者服務傳真專線◎02-27150507
電腦編號◎425120
ISBN◎978-986-5596-32-3
Printed in Taiwan
本書定價◎新台幣320元/港幣107元